AF536084

RECHTSCHREIB-TRAINING

DAS WORKBOOK FÜR 5./6. KLASSE DEUTSCH

Email: info@edition-lunerion.de
www.edition-lunerion.de

Psiana eCom UG
Berumer Str. 44
26844 Jemgum

INHALT

das
tun
ABC
VeRB
A B

Vorwort

Kennst du den Unterschied zwischen **‚seit**' und **‚seid'** und kannst diesen erläutern? Oder wann ***‚dass'*** und wann ***‚das'*** verwendet wird?

In unserer Sprache gibt es einige Rechtschreibregelungen, die wir beachten müssen. Diese begleiten uns unser ganzes Leben lang. Sie sind also nicht nur in der Schule wichtig, sondern auch später im Berufsleben, zum Beispiel, wenn du eine E-Mail schreiben musst, aber auch, wenn du mit Freunden über die sozialen Netzwerke kommunizierst. Ganz einfach gesagt: Immer dann, wenn es um die Schriftsprache geht, ist eine korrekte Rechtschreibung wichtig.

Da es nicht immer leicht fällt, bei allen Rechtschreibregeln den Durchblick zu behalten, kannst du deine Rechtschreibung mithilfe dieses Buches trainieren.

Viel Erfolg!

Richtig schreiben lernen…

Dieses Buch soll dir dabei helfen, deine Rechtschreibung zu verbessern. Die einzelnen Kapitel behandeln Themen der Rechtschreibung, bei denen schnell die meisten Fehler passieren. Solche Fehler sind natürlich ärgerlich, da sie zum Beispiel schnell deine Note in einer Klassenarbeit verschlechtern können.

Warum ist es denn eigentlich so wichtig, seine Rechtschreibung zu verbessern?

Eine gute Rechtschreibung ist nicht nur in der Schule wichtig, sondern auch für dein späteres Berufsleben. Sie wird fast überall vorausgesetzt. Außerdem kann dich eine gute Rechtschreibung auch persönlich weiterbringen. Du kannst dich gewählter ausdrücken und Wörter oder Sätze vor allem auch richtig schreiben. Mithilfe von Übungen, Beispielen, Tipps und Erläuterungen wird dir in diesem Buch unter anderem gezeigt, warum manche Adjektive klein und andere großgeschrieben werden. Du erfährst aber zum Beispiel auch, wie du die Wörter „seit" und „seid" unterscheiden kannst. Die einzelnen Kapitel sind alle ähnlich aufgebaut, sodass du dich gut innerhalb des Buches orientieren kannst. Du findest meist gleich zu Beginn eine Definition, die sowohl anhand von Beispielen als auch mit Übungen und, falls nötig, Merksätzen ergänzt wird. Am Ende des Buches findest du zudem eine Anleitung, wie du deine Rechtschreibung langfristig verbessern kannst und wie du dabei am besten vorgehst.

Auf geht's!

Groß- und Kleinschreibung

Man könnte sagen, dass sich die deutsche Sprache auch dadurch auszeichnet, dass bestimmte Wörter groß- und andere kleingeschrieben werden. Anders ist dies zum Beispiel in der englischen Sprache, hier wird nur eine kleine Anzahl an Wörtern großgeschrieben.

Aber wann schreiben wir im Deutschen die Wörter groß und wann nicht?

Großschreibung:

Nomen werden immer großgeschrieben. Du kannst sie beispielsweise an den Endungen -keit, -ung, -heit, -tum, -schaft erkennen.

Du kannst sie aber auch ganz einfach anhand der Wörter erkennen, die ihnen vorangestellt sind. Dies können Artikel wie **der, die, das, ein, einer, eine** sein, aber auch Pronomen wie **mein, dein, unser, euer**. Aber auch Adjektive, wie **schön** oder **bunt,** können einem Nomen vorausgehen.

Aber was wird nun kleingeschrieben?

Kleinschreibung:

Verben, Artikel, Pronomen, Adjektive, Adverbien und Präpositionen werden kleingeschrieben. Woran du ein Adjektiv, ein Verb und ein Adverb erkennst, kannst du im nächsten Kapitel erfahren.

Großgeschrieben werden Satzanfänge, Namen, Anredepronomen, Substantive und Substantivierungen.

Beispiel:
„Ben hat sich ein Eis gekauft."

Hier wird der Name sowie das Nomen großgeschrieben.

Übung 1 [i]:
Passe in den folgenden Sätzen die Groß- und Kleinschreibung an.

ich fahre in den urlaub.

simone hat sich einen hund gekauft.

der hund von simone heißt keks.

Übung 2 [ii]:
Suche aus folgendem Text die Wörter heraus, die großgeschrieben werden müssten. Wenn du magst, kannst du den kurzen Text selbst richtig auf ein Blatt Papier aufschreiben.

heute gehe ich zum fußball. ich freue mich schon immer sehr auf das training. alle meine freunde sind auch da. ich finde es schön, dass wir die leidenschaft zusammen teilen.

SATZBEGINN UND SATZENDE

Das erste Wort eines Satzes wird immer großgeschrieben. Egal, ob der Satz mit einem Artikel, zum Beispiel einem ‚***Die***', oder einem Nomen, zum Beispiel ‚***Frau***', startet.

Die Großschreibung nach dem gesetzten Punkt symbolisiert somit, dass ein neuer Satz beginnt.

Ein Beispiel:

„Gestern habe ich zusammen mit meiner Schwester gespielt. Meine Schwester ist zehn Jahre alt."

Erläuterungen

Hier fällt auf: Die zwei Sätze wurden durch den Punkt voneinander getrennt. Der zweite Satz wird durch die Großschreibung des Wortes ‚***Meine***' eingeleitet.

Lies das Beispiel ruhig einmal laut vor. Hast du gemerkt, wie du am Ende des ersten Satzes mit deiner Stimme runtergehst und leiser wirst? Hast du auch gemerkt, dass du automatisch eine Pause am Ende des Satzes machst? Beim Lesen symbolisiert uns der Punkt und das großgeschriebene erste Wort also, dass ein Satz zu Ende geht und ein neuer beginnt.

Übung [iii]:

Nimm dir ein Blatt Papier zur Hand und notiere dir die folgenden Zeilen. Achte beim Aufschreiben auf die Groß- und Kleinschreibung.

ich bin mit meinen eltern in den urlaub geflogen. wir sind früh aufgestanden, um rechtzeitig am flughafen zu sein. aber es hat sich gelohnt. ich bin gerne am meer.

NOMEN

Im Deutschen schreiben wir die sogenannten Nomen groß.

Aber was sind Nomen denn genau?
Und welche Funktion haben sie für uns?

Definition: Nomen

Ein Nomen ist das Hauptwort eines Satzes. Ohne ein Nomen würde kein Satz funktionieren. Bei den Nomen handelt es sich meistens um Personen, Pflanzen, Tiere, Eigennamen oder Gegenstände.

Welche Nomen gibt es?

- **Eigennamen** (beispielsweise Namen für Menschen, Dinge oder Städte)
- **Gattungsnamen** für Lebewesen oder Gegenstände (beispielsweise Mensch oder Pflanze)
- **Sammelnamen** (mit ihnen kann eine Anzahl an verschiedenen Lebewesen oder Gegenständen ausgedrückt werden)
- **Stoffnamen** (eignen sich für Begriffe, die nicht gezählt, aber gemessen werden können)

Ein Beispiel:

„Oma ist heute einkaufen gegangen."

Dieser Satz würde ohne das Hauptwort ‚***Oma***‘ nicht funktionieren. Er würde keinen Sinn ergeben.

Ein Nomen gibt also den Dingen einen Namen. Man kann diese Wortart aus diesem Grund auch Dingwort, Hauptwort oder Namenswort nennen. Du kannst ein Nomen also daran erkennen, dass ein bestimmter Gegenstand oder ein Mensch benannt wird.

Beispiele für Nomen:
Auto, Fahrrad, Mensch, Kind, Tier, Baum, Blume

Nomen haben ein grammatisches Geschlecht. An diesem Geschlecht orientiert sich ihr Artikel. Sie können entweder männlich, weiblich oder neutral sein. Dementsprechend ist der Artikel „der“ für männliche Nomen, „die“ für weibliche Nomen und „das“ für neutrale Nomen.

Ein Beispiel:
der Tisch, die Pflanze, das Auto

Zudem gibt es Nomen in der Einzahl, dem Singular, aber auch in der Mehrzahl, dem Plural.

Ein Beispiel:
das Auto, die Autos

Hierbei kann es vorkommen, dass sich dann auch das grammatische Geschlecht des Nomens verändert. Dies ist aber nicht immer der Fall.

Ein Beispiel:
die Pflanze, die Pflanzen

Außerdem gibt es Nomen, die sich im Plural nicht verändern. Sie klingen gleich.

Ein Beispiel:
das Fenster, die Fenster

Hierbei ist nur durch den veränderten Artikel zu erkennen, dass es sich um die Pluralform handelt. **Die Nomen** passen sich aber auch an ihren Fall an. Dies wird Deklination genannt.

Definition: Deklination

Bei der Deklination passen wir ein Wort an den Fall (Nominativ, Akkusativ, Genitiv, Dativ) sowie an die Zahl (Singular oder Plural) und an das Geschlecht (Femininum, Neutrum, Maskulinum) an. Die Wörter werden nach ihrer Funktion im Satz dekliniert. Im Deutschen haben wir insgesamt vier Fallformen: den Nominativ, den Genitiv, den Akkusativ und den Dativ. Der genaue grammatische Fall kann erfragt werden. Hierbei können die folgenden Fragen helfen:

Nominativ: Wer oder Was?
Genitiv: Wessen?
Akkusativ: Wen oder Was?
Dativ: Wem?

Beispiel:
„der Junge" (Nominativ),
die Tasche „des Jungen" (Genitiv),
„dem Jungen" (Dativ),
„den Jungen" (Akkusativ)

Merke:
Nomen werden **immer** großgeschrieben. Ein Nomen kannst du unter anderem daran erkennen, dass sein grammatischer Fall erfragt werden kann. Nomen beschreiben einen Gegenstand. Häufig geht dem Nomen ein Artikel voran.

Übung[iv]:

Finde die Nomen und schreibe sie groß.

Gestern war ich im zoo. Ich habe dort viele tiere gesehen. Sie waren alle von einer unterschiedlichen art und total vielseitig. Ich habe beispielsweise elefanten, giraffen, aber auch affen gesehen. Aber am liebsten mag ich mein pferd zuhause.

ADJEKTIVE

In der Schule wird uns beigebracht, dass Adjektive mit „Wie ist etwas?“ zu beschreiben sind. Somit sind Wörter wie „schön“ oder „bunt“ Adjektive.

Definition: Adjektive

Adjektive beschreiben also die Eigenschaft oder ein Merkmal eines Nomens. Sie beschreiben dabei die Beschaffenheit von Dingen, Lebewesen oder bestimmten Sachverhalten.

Beispiel:

„Die Blätter im Wald sind bunt.“

Somit ist das „bunt“ die Eigenschaft oder ein besonderes Merkmal der Blätter im Wald. Die Blätter im Wald, das Nomen, werden also genauer beschrieben.

Anders als die Nomen werden die Adjektive immer kleingeschrieben. Meist steht das Adjektiv vor einem Nomen.

Beispiel:

das traurige Kind, das blaue Auto, die bunten Blätter

Übung[v]**:**

Vervollständige den Satz mit einem passenden Adjektiv:

Ich habe im Wald viele _ _ _ _ _ Blätter gesehen.

Diese Blätter hatten viele _ _ _ _ _ _ _ Farben.

Ich habe sie mit nach Hause genommen, um sie in mein _ _ _ _ _ _ Bastelbuch zu kleben.

VERBEN

Definition: Verben

Die Verben sind auch unter dem Namen „Tu-Wörter" bekannt. Sie beschreiben also häufig eine bestimmte Tätigkeit.

Beispiele:

fahren, trinken, schwimmen, essen, gehen

Ein Beispiel in einem Satz: Ich fahre heute an den See.

Das Verb ist in diesem Satz das Wort ‚fahren'. Ein besonderes Merkmal der Verben ist ihre *Flektierbarkeit*.

Erklärung: Flektierbarkeit

Unter dem Flektieren wird ihre Anpassung verstanden. Wir können das Verb also so anpassen, dass es zu unserem Satz passt.

Beispiel:

Eine mögliche Flexion, oder auch Konjugation genannt, am Beispiel des Verbs *gehen:*

Gehen ist die Grundform, auch als Infinitiv bezeichnet.

Ich gehe

Du gehst

Er/sie/es geht

Wir gehen

Ihr geht

Sie gehen

Der Verbstamm „geh" bleibt hierbei immer gleich. Es verändert sich lediglich die Verb***endung***.

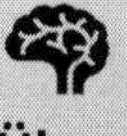

Übung:

Versuche, diese Verb***endung*** an ein Verb deiner Wahl zu hängen. Was fällt dir auf?

Beispiel:

schwimmen

Ich schwimme

Du schwimmst

Er/sie/es schwimmt

Wir schwimmen

Ihr schwimmt

Sie schwimmen

Die Verbendungen sind genau dieselben wie in dem Beispiel des Verbs *gehen.*

Es gibt allerdings auch unregelmäßige Verben, bei denen dies leider nicht so aufgeht.

Beispiel:„haben"

Haben

Ich habe

Du hast

Er/sie/es hat

Wir haben

Ihr habt

Sie haben

Bei diesem Verb verändert sich der Stamm. Deutlich ist dies bei *habe* und *hast* zu erkennen.

Ein Verb wird also unterschiedlich flektiert. Wir tun dies meist ganz automatisch.

Woran erkennst du ein Verb?

Ein Verb ist, wie bereits erwähnt, das „Tu-Wort". Wir erkennen es aber auch an seiner Flexion. Denn ein Nomen kann nicht so flektiert werden wie die oben aufgeführten Verben. Auch bei einem Adjektiv ist dies nicht möglich.

Beispiel:

Jeden Morgen esse ich Cornflakes mit Milch.

Essen ist hierbei das „Tu-Wort" und somit das Verb des Satzes. Denn ohne dieses Verb würde der Satz keinen Sinn ergeben, da die ausgeführte Handlung fehlen würde.Verben werden genauso wie die Adjektive immer kleingeschrieben.

Ein Vollverb ist ein Verb, das allein das Prädikat bilden kann. Es benötigt also kein Hilfsverb.

Beispiel für ein Vollverb:

laufen

Hilfsverben sind Verben, welche zur Bildung einer zusammengesetzten Form eines Verbs dienen.

Beispiele für Hilfsverben sind

„sein" oder „haben"

Beispiel:

Ich habe dir geholfen.

Modalverben sind Verben, die eine bestimmte Notwendigkeit ausdrücken.

Beispiele für Modalverben:

müssen, dürfen, sollen

Merke:

Verben sind sogenannte „Tu-Wörter". Sie beschreiben eine Handlung/Tätigkeit. Hierbei wird das Verb flektiert. Es ist also anpassbar. Verben können unterschiedlich flektiert werden, wie am Beispiel von haben und schwimmen/gehen gezeigt wurde. Sie werden immer kleingeschrieben.

ADVERBIEN

Definition: Adverbien

Anders als die Verben werden die Adverbien nicht flektiert. Sie beschreiben ein Verb nach seinem Umstand hin näher. Somit werden sie auch „Umstandswort“ genannt. Es ist aber auch möglich, dass ein Adverb Informationen über ein Nomen oder ein Adjektiv preisgibt.

Beachte: Adverbien machen auch genauere Angaben zur Zeit, zum Ort, zum Grund und zur Art und Weise.

Beispiel:

Ich habe deine Tasche gefunden. **Hier** liegt sie.

In diesem Beispiel beschreibt das „Hier“ den Standort des Buches näher und ist somit ein Adverb.

Worin liegt der genaue Unterschied zwischen einem Adverb und einem Adjektiv?

Adverbien beschreiben einen Umstand und beziehen sich auf das Verb. In dem oben genannten Beispiel bezieht sich das „Hier“ auf das Verb legen. Es wird zum Ausdruck gebracht, wie, wann, warum oder wo etwas passiert. Man kann also mit W-Fragen nach Adverbien fragen. In dem oben genannten Beispiel ist es „wo“.

Ein Adjektiv beschreibt das Nomen näher.

Beispiel:

Um das Beispiel des Kapitels über Adjektive aufzugreifen: Die Blätter im Wald sind bunt (Adjektiv).

„Bunt" beschreibt hierbei keinen Umstand, sondern eine Eigenschaft des Nomens (Die Blätter im Wald). Daher ist es kein Adverb, sondern ein Adjektiv. Adverbien werden nicht dekliniert, also nicht angepasst. Es gibt sie nur in der einen Form.

Im Deutschen unterscheiden wir folgende Adverbien:

- **Pronominaladverbien** (Beispiel: Hier, da, wo + Präposition):
Beispiele: Hierauf habe ich mich schon gefreut.
Darauf warte ich seit Monaten.
Ich bin mir nicht sicher, woher das T-Shirt ist.

- **Modaladverbien** (Adverbien der Art und Weise; sie beschreiben die Art und Weise eines Geschehens):
Modaladverbien können durch Wie? Auf welche Weise? Wie oft? Wie sehr? Wie viel? erfragt werden.
Beispiel: Diese Aufgabe habe ich gerne übernommen.

- **Lokaladverbien** (Adverbien des Ortes):
Lokaladverbien können durch Wo? Wohin? Woher? erfragt werden.
Beispiel: Wir müssen links abbiegen.

- **Temporaladverbien** (Adverbien der Zeit):
Temporaladverbien können durch Wann? Wie lange? Wie oft? Seit wann? erfragt werden.
Beispiel: Abends komme ich nach Hause.

- **Kausaladverbien** (Adverbien des Grundes):
Kausaladverbien können durch Warum? Wieso? Weshalb? Wozu? erfragt werden.
Beispiel: Aus diesem Grund war der Urlaub schön.

- **Frage- und Relativadverbien**: Sie haben ihre Funktion darin, Frage- oder Relativsätze einzuleiten.
Beispiel: Der Bus hält an dem Ort, wo er immer hält.

Merke:

Adverbien beschreiben den Umstand eines Verbs näher. Sie werden immer kleingeschrieben. Durch verschiedene Fragen kann das genaue Adverb bestimmt werden. Es ist aber meistens ausreichend, nur bestimmen zu können, dass es sich hierbei um ein Adverb handelt, und nicht, um welches.

Ein Adverb der Art und Weise steht immer am Satzende. Alternativ kann es auch vor dem Verb stehen. Adverbien der Zeit und des Ortes sowie Adverbien des Grundes können am Satzanfang oder im Mittelfeld stehen.

Lernwörter

Wir lernen schon in der Grundschule, wie Wörter richtig geschrieben werden. Das bedeutet auch, dass nicht jedes Wort genauso geschrieben wird, wie es auch gesprochen wird.

Beispiel:

Wir schreiben **Hund**, sprechen es aber als **Hunt** aus.

Der Ablaut „t" wird in der schriftlichen Form als ein „d" realisiert, aber eben als „t" gesprochen. Erst mit der Zeit lernen wir, dass wir Wörter, bei denen wir mit der Schreibweise unsicher sind, diese auch in die Pluralform verlängern können.

So wird bei **Hund** schnell klar, dass die Pluralform **Hunde** ist und somit mit „d" geschrieben und gesprochen wird. Somit muss die Singularform ebenfalls mit „d" geschrieben werden.

Was sind nun Lernwörter?

Definition: Lernwörter

Lernwörter sind die wichtigsten Wörter, also Wörter, die besonders oft verwendet werden. Kinder lernen diese Wörter zuerst. Daher kommt auch der Name.

Hierbei speichern sie das Wortbild ab. Sie merken sich, wie das Wort geschrieben aussieht, und sind dadurch fähig, dieses Wort auch immer wieder so zu schreiben.

Es bedeutet aber auch, dass wir diese Wörter oft üben müssen, um uns dieses Schriftbild überhaupt einprägen zu können, denn meistens lernen wir durch die Wiederholung.

Um ein solches Wort zu lernen, brauchen wir im Schnitt 20-30 Wiederholungen. Das bedeutet, dass das Lernwort so oft geschrieben wird, bis das Wortbild tatsächlich im Gehirn abgespeichert ist.

Beispiele für Lernwörter:

Wörter mit Doppelmitlauten: Mappe, fallen, musst

Wörter mit Umlauten: Häuser, Bäume, Feuer

Wörter mit Doppelselbstlauten: Schnee, Seele, Boot

Wofür brauchen wir Lernwörter?

Lernwörter können helfen, bestimmte Wörter auf Anhieb richtig zu schreiben. Dies kann dir zum Beispiel in Klassenarbeiten helfen.

So kannst du Fehler verhindern, die am Ende vielleicht deine Note runtergezogen hätten.

Tipps:

Untersuche das Wort genau. Findest du lange Vokale, ein *ie* oder Umlaute in diesem Wort?

Schwinge das Wort gegebenenfalls, um erkennen zu können, ob du es mit einem Doppelkonsonanten schreiben musst.

Wie kannst du Lernwörter üben?

Du kannst die Lernwörter auf unterschiedliche Art und Weise lernen. Vielleicht fällt dir ja selbst noch eine kreative Übung ein, die dir Spaß macht und das Lernen vereinfacht?

1. Karteikasten:

Die ganz klassische Art, etwas schnell zu verinnerlichen, ist das Lernen mit einem Karteikasten. Du benötigst neben dem Karteikasten an sich auch die Karteikarten. Die Lernwörter kannst du zum Beispiel von Woche zu Woche variieren und dir immer neue Wörter raussuchen oder dich an den Wörtern orientieren, denen du in der Schule begegnest.

Schreibe dir jede Woche 6 Wörter auf, deren Schreibweise du üben möchtest. Überlege dir beim Aufschreiben, welche Stelle in dem Wort dir Probleme bereiten könnte.

Beispiel:

Das Wort **Welle** wird mit **Doppel-l** geschrieben.

Dieses Doppel-l kannst du zur besseren Übersicht, wie in dem Beispiel auch, farbig markieren.

Sobald du beim Üben merkst, dass du ein Wort gut kannst, kannst du dieses Lernwort in das vordere Fach des Lernkastens legen. Die Wörter, die du noch nicht so sicher kannst, kommen in das zweite Fach. Die Lernwörter, die du noch nicht so gut kannst, solltest du so lange wiederholen, bis du sie sicher beherrschst und in das erste Fach legen kannst.

Wie sieht eine solche Karteikarte aus?

Linke Seite (Vorderseite)	Rechte Seite (Rückseite)
Das Wort	Die Erklärung / Definition

2. Schleichdiktat:

Sehr wahrscheinlich kennst du das Schleichdiktat noch aus der Grundschule. Bei einem Schleichdiktat wird ein Zettel mit Sätzen oder Wörtern im Raum verteilt. Du musst also immer erst von deinem Arbeitsplatz zu dem Zettel gehen, dir das Wort dort einprägen und es dann an deinem Arbeitsplatz wieder aufschreiben. Kontrolliere dann am Ende, ob das Wort auch wirklich richtig geschrieben ist. Das Schleichdiktat könnte beispielsweise wie folgt aussehen:

Du denkst dir eine kleine Geschichte aus und schreibst diese auf einem Blatt Papier nieder. Selbstverständlich kannst du beispielsweise auch von deinem Tag erzählen.

Beispiel:

Heute habe ich in der Schule die Zahlen auf Englisch gelernt. Ich habe mit meiner Sitznachbarin Partnerarbeit gemacht, dann haben wir in der großen Pause zusammen auf dem Schulhof gespielt. Nach der letzten Stunde bin ich mit dem Bus nach Hause gefahren.

Die Länge kannst du hierbei selbstverständlich variieren und auf dich anpassen. Lege den Zettel nun so weit von dir entfernt hin, dass du ihn nicht in deinem direkten Sichtfeld hast, beispielsweise auf dein Bett oder auf eine Kommode. Nimm dir ein neues Blatt Papier zur Hand und lege es auf den Schreibtisch. Gehe dann zu dem Platz, wo das Diktat liegt, und präge dir den ersten Satz oder die ersten Wörter ein. Gehe dann zurück zu deinem Schreibtisch und schreibe die gemerkten Wörter oder den Satz auf. Am Ende kannst du mit dem Lösungsblatt kontrollieren, wie viele Wörter du richtig aufgeschrieben hast.

3. Sei kreativ:

Gestalte eine Mindmap oder ein Bild zu jedem Lernwort. Hier kannst du all das malen, was dir zu diesem Lernwort einfällt. Wenn du magst, kannst du das Lernwort auch in das Bild einbeziehen.

4. Verbinde ein Lernwort direkt mit einem Satz:

Es kann hilfreich sein, dir einen passenden Beispielsatz für ein Lernwort zu überlegen. Dieser Satz kann dir dann dabei helfen, das Lernwort richtig zu schreiben, wenn du es gerade benötigst.

Gerade in stressigen Situationen, wie das Schreiben einer Klassenarbeit, kann dir dieser Satz helfen, dich an die richtige Schreibweise des Lernwortes zu erinnern.

Beispiel:
Die Bäume sind grün.

In diesem Beispiel wird auf den Umlaut „äu“ bei „Bäume“ hingewiesen, da sich der Plural von der Singularform „Baum“ unterscheidet.

Zahlwörter

Zahlwörter lernen wir schon früh, nur meist bezeichnen wir sie nie wirklich als Zahlwörter.

Was sind Zahlwörter?

Definition: Zahlwörter

Zahlwörter geben, wie der Name schon sagt, die Anzahl oder Menge von etwas an. Zahlwörter werden auch Numerale genannt.

Beispiel:

eins, zwei, ein Viertel, ein Drittel ...

Du erkennst Zahlwörter ganz einfach daran erkennen, dass in dem Wort eine Zahl genannt wird, genau wie im nachfolgenden Beispiel.

Beispiel:

In einem Satz könnte dies wie folgt aussehen:

Mein Telefon klingelt heute schon zum vierten Mal.

Mein Freund hat zwei Hunde.

Jedes zweite Mädchen der Klasse hat eine Schwester.

Die Angabe „zum vierten Mal" gibt hierbei an, wie oft das Klingeln des Telefons heute schon vorgekommen ist. Zahlwörter können in Gruppen aufgeteilt werden. Wir unterscheiden hier zwischen den *bestimmten* und den *unbestimmten* Zahlwörtern.

Erklärung: bestimmte Numerale

Die **bestimmten Numerale** erkennst du daran, dass eine genaue Angabe gegeben ist. Es ist also genau definiert, wie oft etwas geschieht oder wie viel von etwas gemeint ist.

Beispiel:

Schneewittchen und die sieben Zwerge.

Jeder der drei Prinzen erbt ein Drittel des Königreichs.

Bei dem Wettrennen habe ich den zweiten Platz belegt.

Erklärung: unbestimmte Numerale

Unbestimmte Numerale werden verwendet, um eine unbestimmte Aussage über eine Anzahl von Gegenständen oder Sachverhalten machen zu können.

Mit etwas Übung wird es dir auch leichtfallen, die unbestimmten Zahlwörter schnell zu erkennen. Diese Zahlwörter geben eine Menge. Es wird allerdings nicht konkret angegeben, wie groß diese Menge ist.

Beispiel:

Ich bin schon mehrmals Schlittschuh gefahren.

Es gibt viele Gründe, warum ich Deutsch als Schulfach nicht so gern mag.

Heute kamen nur wenige Mitspieler zum Fußballtraining.

Wie du siehst: Es wird zwar eine Menge angegeben (im Beispiel erkennbar durch die gelb markierten Wörter), aber es ist nicht klar erkennbar, wie oft das Schlittschuhfahren geschehen ist oder wie viele Gründe dafürsprechen, dass das Schulfach „Deutsch" nicht so gern gemocht wird. Auch wird keine Zahl der Spieler angegeben, die zu dem Fußballtraining kamen.

Für das Schreiben von Zahlen gibt es allerdings auch ein paar **Regeln**, die beachtet werden sollten.

Merke:

Es gilt, dass alle Zahlen bis eine Million immer klein und zusammengeschrieben werden. Ab einer Million werden die Zahlen groß und getrennt geschrieben. Hierbei wird allerdings nur das Wort Million großgeschrieben, die Zahl vor der Million bleibt klein.

Beispiel:

Am Himmel stehen rund eine Million Sterne.

Es ist auch möglich, die Zahlen als Nomen zu verwenden. In einem solchen Fall werden diese großgeschrieben.

Beispiel:

Die Sechs hat mir in dem Spiel den Sieg gebracht.
Meine Glückszahl ist die Vier.

Wenn Zahlen Teil eines Eigennamens sind, werden sie ebenfalls großgeschrieben.

Beispiel:

der Erste Weltkrieg

Vielleicht stellst du dir nun die Frage:
Wie kannst du die Zahlwörter üben?

1. Das Zahlwörter-Vokabelheft

Am besten lernen wir durch häufiges Wiederholen. So ist es auch bei den Zahlwörtern. Hierfür kann ein Vokabelheft hilfreich sein.

Ein solches Heft ist meist im Din-A5-Format und somit sehr handlich. Das hat auch den Vorteil, dass du es überallhin mitnehmen kannst, es aber auch gar nicht so viel Platz auf dem Schreibtisch einnimmt.

Es ist wie folgt aufgebaut: Eine Seite in dem Heft wird durch eine Mittellinie getrennt. Du hast also zwei Spalten. In die linke Spalte kannst du das entsprechende Zahlwort eintragen.

Wenn du magst, kannst du dir die entsprechende Zahl daneben notieren.

Für die rechte Seite kannst du dir einen Beispielsatz oder eine Erklärung für das Zahlwort überlegen.

So könnte dein Zahlwort-Vokabelheft aussehen:

Ein Drittel ($\frac{1}{3}$)	Es ist noch ein Drittel des Kuchens da.
Vier (4)	Ich habe heute viermal versucht, bei meiner Oma anzurufen.
Mehrmals	Mehrmals ist die Bezeichnung für eine Tätigkeit, die nicht zum ersten Mal geschieht (Ich gehe mehrmals am Tag zum Spielen in den Garten).
Wenige	Ich habe nur wenige Minuten gebraucht, um meine Hausaufgaben anzufertigen. Die Angabe beschreibt, dass eine Tätigkeit nicht lange gedauert hat oder dass keine große Anzahl vorliegt.

Du kannst dein Zahlwort-Vokabelheft beliebig erweitern. Hierfür kannst du zum Beispiel in Büchern, die du gern liest, aber auch während den Hausaufgaben Ausschau nach Zahlwörtern halten und diese in dein Vokabelheft aufnehmen.

Du wirst sehen, nach ein paar Wochen hast du eine schöne Sammlung an allen möglichen Zahlwörtern.

2. Mindmap oder Übersicht

Damit du eine schöne Übersicht an möglichen Zahlwörtern bekommst, kannst du dir eine Mindmap oder eine andere Übersicht deiner Wahl erstellen. In diese Mindmap kannst du all die Zahlwörter aufnehmen, die dir einfallen und die dir im Alltag begegnen. Wenn du magst, kannst du sie auch so bunt wie nur möglich gestalten und über deinem Schreibtisch aufhängen. Wenn du dir noch nicht sicher bist, was ein bestimmtes Zahlwort bedeutet und wann es verwendet wird, ist es ratsam, eine kleine Definition mit in deine Mindmap aufzunehmen.

Eine solche Mindmap könnte wie folgt aussehen:

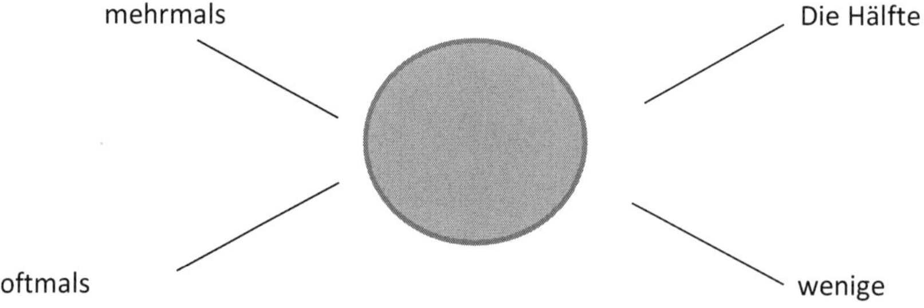

Möglicherweise merkst du bei der Erstellung deiner Mindmap, dass du die Zahlwörter in verschiedene Kategorien einteilen könntest, beispielsweise, wie oben genannt, in bestimmte und in unbestimmte Zahlwörter.

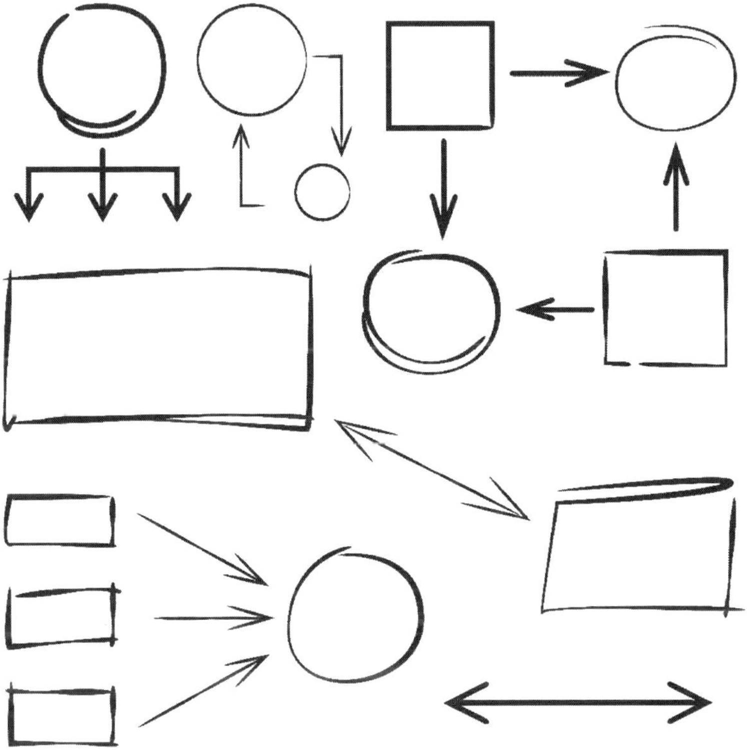

das
fun
ABC
VeRB
VeRB

3. Im Text markieren

Wissen kommt häufig auch durch Übung. Auch die Erkennung von Zahlwörtern kann geübt werden. Nimm dir hierfür einen kurzen Text zur Hand. Dieser kann aus einem Lernbuch für die Schule sein, von deinen Eltern geschrieben werden oder du nutzt den Text hier in diesem Buch zur Übung. Nimm dir einen farbigen Stift zur Hand und markiere alle Zahlwörter, die du finden kannst. Frage im Anschluss deine Eltern, ob sie schauen können, ob du alle Zahlwörter gefunden hast. Falls deine Eltern keine Zeit haben, kannst du dich auch mit der Lösung in diesem Buch korrigieren. Achte für die Bearbeitung aber darauf, dass du die Musterlösung mit einem Schmierzettel abdeckst. Denn schummeln ist natürlich nicht erlaubt.

Übung[vi]:

Erkenne alle Zahlwörter:

Wenn ich in die Schule muss, stehe ich um sechs Uhr morgens auf. Im Anschluss putze ich mir im Badezimmer mit etwas Wasser und Zahnpasta die Zähne. Mein Zahnarzt hat mir erklärt, dass ich drei Minuten lang meine Zähne putzen muss und dies zweimal täglich.

Wenn ich meine Zähne fertig geputzt habe, gehe ich runter in die Küche. Hier wartet meine Mutter schon auf mich. Es ist erst ein paarmal vorgekommen, dass mir meine Mutter beim Frühstücken keine Gesellschaft leisten konnte.

Am liebsten esse ich Cornflakes, immer mit doppelt so viel Milch wie Cornflakes.

Mit dem Essen muss ich mich beeilen, sonst komme ich zu spät zur Schule.

4. Datum ausschreiben

Nicht immer reicht es, das Datum als Zahl zu notieren. Wir müssen das Datum also auch ausschreiben können. Diese Übung kann dir dabei helfen, das Datum schnell und vor allem richtig ausschreiben zu können.

Grundsätzlich gilt:

Der Wochentag wird immer vor dem eigentlichen Datum geschrieben. Mithilfe eines Kommas wird der Wochentag von dem Datum abgetrennt. Die Zahl des Monats kannst du auch als Zahl lassen. Du musst diese nicht ausformulieren. Im Anschluss folgt der Monat, den du ausschreiben solltest, und dann das Jahr, welches du als Zahl stehen lassen kannst.

Beispiel:

Sonntag, der 30. Oktober 2022

Und nun bist du dran:

Übung:

Notiere in der Zeile ausgeschrieben das heutige Datum:

Heute ist ____

Wann hast du Geburtstag? Notiere gerne auch den entsprechenden Wochentag.

____

Weihnachten ist dieses Jahr am

____

Substantivierte Verben

Im Deutschen ist es möglich, aus einem Verb ein Nomen zu bilden. Es wird dann großgeschrieben. Durch die Verwendung von substantivierten Verben kannst du Sätze noch präziser ausdrücken.

Doch zunächst: Was sind substantivierte Verben?

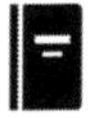

Definition: Substantivierte Verben

Substantivierte Verben sind Verben, die wir zu einem Nomen machen können, beispielsweise „laufen“ zu „das Laufen“.

Solche substantivierten Verben werden großgeschrieben.

Zur Verdeutlichung ein Beispiel:

Das Wort „**treffen**“ kennen wir als ein Verb. Durch die Verwendung des Artikels „**das**“ können wir aus dem Verb ein Nomen machen. Es wird zu „**das Treffen**“.
Oder: Aus dem Verb „**einladen**“ wird mithilfe des Suffixes „**-ung**“ das Nomen „**Einladung**“.

Die Frage „Was macht jemand?“ wird also zu der Frage „Was ist das?“,
aus einer Tätigkeit wird nun also eine Beschreibung.

Im Folgenden findest du eine Liste von substantivierten Verben. Diese Auflistung kann dabei helfen, dir einen Eindruck zu verschaffen, welche substantivierten Verben es gibt.

Das ursprüngliche Verb	Substantiviertes Verb
Kochen	Das Kochen
Einladen	Die Einladung
Kaufen	Der Kauf
Prüfen	Die Prüfung
Schwimmen	Das Schwimmen
Laufen	Der Lauf

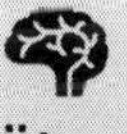

Übung:

Kennst du noch mehr substantivierte Verben? Trage sie in die folgende Tabelle ein. Hierfür kannst du auch in Schulbüchern nach den substantivierten Verben Ausschau halten.

Das ursprüngliche Verb	Substantiviertes Verb

Wie wird ein substantiviertes Verb gebildet?
Welche Regeln gibt es hierfür?

Grundsätzlich gibt es drei wichtige Schritte, die zur Substantivierung eines Verbes beitragen.

Zunächst wird ein Artikel vor das Verb gestellt
(**der, die, das** als bestimmter Artikel oder
ein oder eine als unbestimmter Artikel).

Nachdem der Artikel feststeht, wird das Verb großgeschrieben.

Gegebenenfalls musst du das Verb noch in ein Nomen umwandeln. Dies kann beispielsweise geschehen, indem ein Suffix an das Verb gehängt wird. Dies ist aber nicht immer notwendig.

Ein **Beispiel**, bei dem die Anpassung nicht notwendig ist:
„laufen" und „das Laufen"
Ein Beispiel, bei dem eine Anpassung notwendig ist:
„einladen" und „die Einladung"

Du kannst erkennen, dass der Stamm des Verbes unverändert geblieben ist: „einlad". Um aus dem Verb ein Nomen zu machen, wurde lediglich das Suffix „-ung" angehängt. Dieses Suffix wird auch Nominalsuffix genannt.

Konkret kannst du Verben anhand von folgendem Muster substantivieren:

1. Die Infinitivform eines Verbs + ein Artikel

Beispiel:

schwimmen -> das Schwimmen

Kochen-> das Kochen

Übung:

Trage in die folgende Tabelle die Beispielverben und ihre substantivierte Form ein.

Das ursprüngliche Verb	Substantiviertes Verb

2. Die Infinitivform eines Verbs (das -en am Ende entfällt) + Artikel

Beispiel:

laufen -> der Lauf

Übung:

Trage in die folgende Tabelle die Beispielverben und ihre substantivierte Form ein.

Das ursprüngliche Verb	Substantiviertes Verb

3. Die Infinitivform eines Verbs (das -en am Ende entfällt) + ein Nominalsuffix

Beispiel:

einladen -> die Einladung

Übung:

Trage in die folgende Tabelle Beispielverben und ihre substantivierte Form ein.

Das ursprüngliche Verb	Substantiviertes Verb

Es kann allerdings auch passieren, dass sich bei der Substantivierung der ganze Stamm eines Verbs verändert.

Zum Beispiel:

lehren -> der Lehrer

Übung:

Fallen dir noch weitere Verben ein, bei deren Substantivierung sich der Stamm verändert?

Zum Einprägen kann hier eine Liste helfen, die du stetig erweitern kannst.
Du kannst diese Vorlage nutzen, um deine Liste anzulegen.

- lehren -> der Lehrer
- informieren -> die Information
-
-
-
- ..
- ..

Der Dehnungslaut „H“

Definition: Dehnungs-h

Das Dehnungs-h stellt eine Verdeutlichung der Vokallänge dar. Das bedeutet, dass Wörter mit einem Dehnungs-h automatisch länger ausgesprochen werden, beziehungsweise wird der Vokal, der vor einem Dehnungs-h steht, länger ausgesprochen.

Den Dehnungslaut „h“ hast du bestimmt schon öfter in verschiedenen Wörtern gesehen.

Beispiel:

Ohr, wohnen, Wahl, Zahl

Aber weißt du auch, wann er eingesetzt wird, und was er überhaupt bezweckt?

Übung.

Lies die oben genannten Beispielwörter laut vor. Was fällt dir im Hinblick auf das „h“ auf?

Das „h“ wird nicht ausgesprochen. Es ist stumm. Stattdessen wird der Vokal vor dem „h“, das „o“ bzw. das „a“, lang ausgesprochen. Dieser Vokal wird also gedehnt.

Im Anschluss an das „h“ folgen meist Konsonanten wie „l“, „n“, „r“ oder „m“. Dies kannst du auch in den oben genannten Beispielen sehen.

Ausnahmen:

Ausnahmen, bei denen der Vokal lang gesprochen wird, obwohl kein Dehnunhs-h vorliegt:

Schule
Krone
klar

Merke:

Es gibt allerdings auch Sonderregeln. Denn Wörter, die mit „q“, „sch“, „sp“ oder „t“ beginnen, enthalten kein Dehnungs-h. Dies benötigen sie auch nicht, wenn die Vokale lang ausgesprochen werden.

Übung:

Halte Ausschau nach Wörtern, die einen Dehnungslaut „h“ besitzen, und trage sie in die folgende Liste ein.

-
-
-
-

Welche Regeln gibt es nun für das Dehnungs-h?

In dem Wort muss ein langer Vokal vorkommen. Das bedeutet, dass der Vokal lang ausgesprochen wird.

Woran kannst du erkennen, ob der Vokal lang oder kurz ausgesprochen wird?

Übung:

Vergleiche die folgenden Wörter miteinander und schaue, wie sich die Länge der Vokale unterscheidet:

Ohr, wohnen und offen, Schiff

Meist werden die Vokale kurz ausgesprochen, wenn ein Doppelkonsonant folgt, in diesem Fall „f".

Aber nicht jedes Wort, welches einen langen Vokal besitzt, wird auch mit dem Dehnungs-h geschrieben.

Merke:

Das Dehnungs-h kommt vor, wenn:
- ein langer Vokal in dem Wort vorkommt
- der lange Vokal vor einem „l", „m", „n" oder „r" steht
- das Wort nicht mit „Sch", „Sp", „Qu" oder „T" beginnt

Übung[vii]:

Suche in dem kurzen Text die Wörter heraus, die mit einem Dehnungs-h geschrieben werden müssten. Schreibe im Anschluss den Text korrekt auf ein Blatt Papier. Mit der beiliegenden Lösung kannst du dein Ergebnis vergleichen.

Meine Mama sagt mir immer, ich solle beim Essen ruig auf meinem Stul sitzen. Dabei bewege ich mich so gerne. Sie drot mir dann immer, an meinem or zu zien. Dabei weiß ich, dass sie das sowieso nie machen würde.

Adjektive, groß oder klein?

In den vorherigen Kapiteln wurde bereits erklärt, was Adjektive sind und wie du sie erkennen kannst.

Zur Erinnerung:

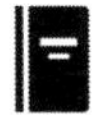

Definition: Adjektiv

Ein Adjektiv ist ein Wort, welches ein Wesen oder ein Ding, ein Geschehen oder eine Eigenschaft mit einem bestimmten Merkmal beschreibt. Adjektive werden kleingeschrieben, es sei denn, sie stehen am Satzanfang.

Beispiele für Adjektive sind die Wörter **bunt, schön** oder **nass.**

Ein Adjektiv steht im Deutschen **immer** vor einem Nomen.

An einem Beispielsatz:

Anna ist eine junge Frau.

Hierbei beschreibt das Wort „jung" die Frau näher. Zudem ist auffällig, dass sich das Adjektiv an das Genus des Nomens anpasst. Das Genus beschreibt das Geschlecht eines Nomens. Dieses kann feminin, maskulin, aber auch neutral sein. **Das bedeutet konkret:** Das Nomen „Frau" ist feminin. Der Artikel „die" zeigt das Genus an.

Das Wort „junge" passt sich hierbei an das weibliche Genus an. Es heißt schließlich nicht junger Frau oder junges Frau. Daraus können wir schlussfolgern, dass Adjektive auch dekliniert, also angepasst, werden können. Du kannst Adjektive demnach auch daran erkennen, dass sie nicht nur vor einem Nomen stehen, sondern sich auch an das Genus des Nomens anpassen.

Beispiele:

„Thomas ist ein schöner Mann"

„Anna ist eine schöne Frau"

Aber werden Adjektive nun groß- oder kleingeschrieben?

Adjektive werden in der Regel immer klein geschrieben. Dies kannst du auch in den oben genannten Beispielen beobachten. Der Grund hierfür ist, dass sie vor dem Nomen stehen und etwas näher beschreiben. Adjektive können aber auch, genau wie die Verben, substantiviert werden. Dann werden sie großgeschrieben.

SUBSTANTIVIERUNG VON ADJEKTIVEN

Definition: Substantivierung von Adjektiven

Substantivierte Adjektive werden großgeschrieben.

Beispiel:

Mir gefällt das Bunt gut.

Das Adjektiv wird somit also zu einem Nomen gemacht.

Werden Adjektive allerdings zu Nomen gemacht, so werden sie großgeschrieben.

Beispiele:

das Blaue, der Nette, etwas Schönes

Keine Sorge, substantivierte Adjektive kannst du mit etwas Übung schnell erkennen.

Substantivierte Adjektive sind oftmals durch vorangehende Begleitwörter gekennzeichnet. Diese können Artikel, Pronomen, aber auch Präpositionen sein.

Oft geht einem substantivierten Adjektiv auch eine unbestimmte Mengenangabe voraus (beispielsweise **viel, etwas, wenig**)

Beispiel:

Es gab viel Neues zu erzählen.

Übung:

welche substantivierten Adjektive kennst du? Trage sie in die folgende Liste ein. Wenn du magst, kannst du sie auch beliebig lang erweitern.

-
-
-
-
-
-

Es gibt Signalwörter, die auf die Substantivierung von Adjektiven hinweisen. Dies sind Artikel, Präpositionen und Mengenangaben.

Beispiel:

Das Grün hat eine beruhigende Wirkung auf mich.

Hier gibt der Artikel „das" an, dass das Adjektiv großgeschrieben werden muss, da es zu einem Nomen wurde.

Wie bereits erwähnt, können Adjektive gesteigert werden. Es gibt drei Formen der Steigerung: die Normalform, in der das Adjektiv noch nicht gesteigert ist, die erste Steigerung und die zweite Steigerung.

Konkret: **Positiv**, **Komparativ** und **Superlativ**.

Am Beispiel:

schön, schöner, am schönsten

Es gibt aber auch Adjektive, die in ihrer Steigerung geändert werden.

Zum Beispiel:

gut, besser, am besten

ss oder ß?

Im Deutschen haben wir Wörter, die mit einem scharfen s (ß) geschrieben werden. Wir haben aber auch Wörter, die mit Doppel-s geschrieben werden.

Beispiel:
dass oder essen
Spaß, Fuß, Gruß

Es ist vollkommen verstandlich, dass dies schnell sehr verwirrend sein kann. Dieses Kapitel soll dir dabei helfen, besser zu verstehen, wann du Wörter mit ‚ss' oder mit ‚ß' schreibst.

Merke:
Es gibt im Deutschen keine Wörter, die mit einem ß beginnen. Dies liegt unter anderem auch daran, dass dieser Buchstabe nicht großgeschrieben werden kann.

Aber wann werden Wörter nun mit ß und wann mit ‚ss' geschrieben?

Grundsätzlich lässt sich die Regel aufstellen, dass ‚ss' nach einem kurzen Vokal steht, wie zum Beispiel schon im „dass" hier im ersten Satz. Kurze Vokale kannst du an der Aussprache erkennen.

Beispiel:
So unterscheiden sich zum Beispiel die Wörter „Fuß" und „Fluss" deutlich in der Länge des Vokals „u".

Das ‚ß' folgt nach langen Vokalen, aber auch nach *Diphthongen* (au, äu, eu, ai, ei)

Definition: Diphthonge

Diphthonge sind zwei aufeinanderfolgende Vokale, die zwangsläufig zusammen ausgesprochen werden müssen. Sie können nicht einzeln ausgesprochen werden.

„ss“ oder „ß“ wird nur geschrieben, wenn das „s“ in einem Wort stimmlos ist, das bedeutet, wenn es hart ausgesprochen wird.

Besonders gut kannst du dies am Beispiel der zwei Wörter „Sonne“ und „Hass“ erkennen.

Auf einen Blick:

Die wichtigsten Grundregeln

„ß“ schreibst du immer dann, wenn auf einen langen Vokal oder einen Diphthong (au, ei) ein stimmloses „s“ folgt, wie beispielsweise in „grüßen“ oder „groß“

„ss“ verwendest du, wenn das „s“ stimmlos ist und hart ausgesprochen wird.

Wie kannst du üben, ob Wörter mit ‚ss‘ oder ‚ß‘ geschrieben werden?

Im Folgenden werden dir verschiedene Übungen mit an die Hand gegeben, die dir dabei helfen sollen, die Schreibweise mit ‚ss‘ oder ‚ß‘ zu trainieren.

Übung[viii]**:**

Lies die folgenden Sätze laut vor. Entscheide dann, ob du das Wort mit ‚ss' oder mit ‚ß' schreiben würdest. Streiche das falsche Wort durch.

Ich finde dieses Kleid echt hässlich/häßlich.

Er spielt gerne Fussball/Fußball.

Sie muss/muß heute den ganzen Tag arbeiten.

Wie heisst/heißt du?

Bestell deiner Mutter einen netten Gruss/Gruß.

Übung:

Erstelle eine Übersicht:

Vielleicht kann es dir auch helfen, ein paar Beispiele für ‚ss' und ‚ß' aufzuschreiben und damit griffbereit zu haben, falls du dir mal bei der Schreibweise des Wortes nicht sicher bist.

Fülle die Tabelle mit Beispielwörtern aus. Hierbei kann es hilfreich sein, schon auf Wörter zu achten, die du häufiger gebrauchen kannst.

ss	**ß**
Essen	heißen

seid oder seit?

Keine Sorge, auch viele Erwachsene sind sich oft nicht so recht sicher, wann eigentlich „seid“ und wann „seit“ verwendet wird. Damit du dir da in Zukunft sicherer bist und anderen dies auch erklären kannst, sind in diesem Kapitel neben der Erklärung auch Übungen eingebracht, mit denen du das Gelernte festigen kannst.

Der Unterschied zwischen ‚seid‘ und ‚seit‘

Seit:

Dieses Wort verwenden wir, um Auskunft über eine zeitliche Angabe zu geben beziehungsweise um angeben zu können, wie lang beispielsweise eine Tätigkeit oder ein Ereignis schon dauert.

Beispiel:

Ich kenne dich seit zehn Jahren.

Ich spiele seit einer Ewigkeit Fußball.

Seit ich ihn kenne, hat sich mein Leben ins Positive gewendet.

Erklärung:

Diese Sätze geben einen zeitlichen Rahmen an. Hierbei ist ausschlaggebend, dass das Ereignis oder die Tätigkeit noch immer andauert, also noch nicht abgeschlossen ist.

Abgeschlossen wäre das Ereignis beispielsweise, wenn gesagt wird: „Ich habe zehn Jahre lang Fußball gespielt“ oder „Ich war zehn Jahre lang mit ihm befreundet“

Die Angabe der genauen Zeit kann hierbei spezifisch, aber auch unspezifisch sein, zum Beispiel durch die Angabe „zehn Jahre“, aber auch durch die Angabe „seit einer Ewigkeit“.

Seid:

Das Wort „seid“ stammt aus dem Infinitiv „sein“ und ist somit ein Verb. Verwendet wird es für die 2. Person Plural, sprich „ihr“.

Es wird also immer für das Verb „sein“ verwendet, und zwar genau dann, wenn von „ihr“ gesprochen wird.

Beispiel:

Seid ihr schon zuhause?

Seid ihr bereit, heute im Fußball zu gewinnen?

Es ist aber auch möglich, dass in einem Satz die Angabe der Person, also „ihr“, fehlt.

Beispiel:

Seid beruhigt, ich habe alles unter Kontrolle.

Seid doch bitte nicht so laut.

Dennoch bezieht sich „seid“ weiterhin auf die zweite Person Plural, auch, wenn diese nicht explizit genannt ist.

Merke:

„Seid“ bezieht sich immer auf die Angabe der zweiten Person Plural „ihr“.

„Seit“ hingegen bezieht sich auf eine zeitliche Angabe

Eselsbrücke

Tausche das „s“ mit dem „z“ und du erhältst das Wort „Zeit“.

„Seit“ gibt ebenfalls eine Zeitangabe an.

Übung[ix]:

Streiche das falsche Wort durch.

Theresa geht seit/seid längerer Zeit auf die Grundschule.

Seit/seid wann bist du schlecht gelaunt?

Seit/seid ihr bitte ruhig?

Ihr seit/seid heute aber motiviert.

Ich habe das Gefühl, ihr seid/seit vom richtigen Weg abgekommen.

Ich denke seit/seid Ewigkeiten darüber nach.

Konsonanten-verbindungen

Im Deutschen können wir Konsonanten miteinander verbinden. Dies wird auch „Konsonantenverbindung" genannt. Aber was genau können wir darunter verstehen?

Definition: Konsonantenverbindungen

Im Grunde sind Konsonantenverbindungen genau das, was das Wort bereits aussagt. Zwei oder drei Konsonanten werden miteinander verbunden. Als Konsonantenverbindungen können beispielhaft Verbindungen wie ‚dsch' oder ‚tsch' angeführt werden.

Beispiele:

Blatt, Mondschein, Kundschafter

Bei „Blatt" sind die Laute „b" und „l" die Konsonantenverbindung.

Bei „Mondschein" und „Kundschafter" sind es die Laute „d" und „sch".

Es werden also immer zwei oder drei Konsonanten, direkt hintereinander folgend, miteinander verbunden.

EINFACHE KONSONANTEN

Definition: Konsonant

Ein Konsonant ist ein Laut, der gebildet wird, indem immer eine Stelle im Mundraum behindert wird. Der Luftstrom kann also nicht ungehindert entweichen.

Beispiel:

Bei dem Laut „p“ wird die Luft durch die beiden Lippen behindert.

Beispiel:

Ich spiele gerne im Schnee.

Bei den einfachen Konsonantenverbindungen werden stimmhafte und stimmlose Konsonanten miteinander verbunden.

Aber was ist mit dem Begriff „Stimmhaftigkeit“ beziehungsweise „Nicht-Stimmhaftigkeit/stimmlos“?

Stimmhafte Konsonanten werden gebildet, indem die Stimme „dazugeschaltet“ wird. Die Stimmbänder werden also in Schwingung versetzt. Anders ist dies bei den **stimmlosen** Konsonanten. Hierbei werden die Stimmbänder nicht in Schwingung versetzt.

Beispiel für die Bildung von Konsonanten:

Bei dem Laut „p“ kannst du deutlich spüren, dass der Laut mit den beiden Lippen gebildet wird.

Du kannst dies selbst ganz leicht beobachten. Sprich nacheinander die beiden Konsonanten „p“ und „b“ aus. Bei welchem der beiden Konsonanten musst du deine Stimme benutzen und bei welchem nicht? Der Laut „b“ ist hierbei der stimmhafte Laut, während der Laut „p“ stimmlos ist. Dies kannst du während des Flüsterns auch gut überprüfen.

Verbinden wir zwei Konsonanten miteinander, so ist es recht logisch, dass einer der zwei Konsonanten stimmhaft ist, während der andere stimmlos ist.

Welche einfachen Konsonantenverbindungen gibt es?

Übung:

Ergänze die folgende Übersicht mit jeweils einem weiteren Wort:

BL: Blau, Blatt, Blitz, ______________________

BR: Braun, Brause, Brot, ______________________

CH, H: Frechheit, Pechhase, ______________________

CH, S: Sechs, Dachs, wachsen, ______________________

CH, T: Frucht, Predigt, Sucht, ______________________

FH: aufhören, Kaufhaus, ______________________

FL: Flosse, Flausen, Flug, ______________________

FR: Frisur, Frost, Frage, ______________________

FT: Saft, Heft, ______________________

FS: Aufsatz, Aufsehen, ______________________

GL: Glocke, Glas, ______________________

GN: Gnade, Gnom, ______________________

GR: Gruß, Gras, grün, ______________________

MB: Umbau, Bombe, ______________________

DOPPELTE KONSONANTEN

In der deutschen Sprache haben wir Wörter, die nur mit einem Konsonanten geschrieben werden, und Wörter, die mit einem doppelten Konsonanten geschrieben werden. Dies kann aber nicht immer herausgehört werden.

Vielleicht kommt dir diese Situation auch aus der Schule bekannt vor: Du schreibst eine Klassenarbeit und bekommst diese korrigiert zurück. Beim Ansehen fällt dir auf, dass du ein Wort falsch geschrieben hast. Statt einem „nn" hast du nur ein „n" geschrieben. Das ist natürlich ärgerlich. Vielleicht war es dir nie ganz klar, wann nur ein Konsonant verwendet wird und wann ein doppelter Konsonant zum Einsatz kommt. Dieses Kapitel soll dir etwas mehr Licht ins Dunkle bringen und deine Unsicherheit auflösen.

Neben dem beispielhaften „n" gibt es natürlich auch noch andere Konsonanten, die in einem Wort doppelt auftauchen können.

Beispiele: pp, bb, dd, tt, ss, mm, nn, ff, gg, ll

Beispiele im Wort: bellen, Löffel, Himmel, können, Messer

Aber wann treten nun doppelte Konsonanten auf?

Doppelkonsonanten stehen immer hinter einem betonten Vokal. Sie können aber auch nach Umlauten auftreten (ä, ö, ü). Verwendet werden sie dann, wenn der betonte Vokal oder Umlaut kurz ausgesprochen wird.

Merke:

Doppelkonsonanten stehen immer hinter einem betonten Vokal und möglicherweise auch hinter Umlauten. Der betonte Vokal muss kurz sein. Durch die Technik des Schwingens kann herausgefunden werden, ob ein Doppelkonsonant verwendet werden muss.

Übung:

Lies die oben genannten Wortbeispiele laut vor. Achte hierbei besonders auf den Vokal. Hörst du, dass der Vokal kurz ausgesprochen wird?

Lies im Gegenzug folgende Wörter laut vor:

- Hügel
- legen
- liegen

Konkret – Sprich diese Wörter nacheinander aus:

- Nase
- nasse

Was fällt dir auf?

Das „a" in Nase wird lang ausgesprochen, während das „a" in Nasse kurz ausgesprochen wird. Um diese Wörter voneinander unterscheiden zu können, wird auf das Doppel-s zurückgegriffen.

Merke:

Der Doppelkonsonant wird immer dann verwendet, wenn der Vokal in dem Wort kurz ausgesprochen wird.

Es gibt aber auch ein paar Tricks, wie du schnell herausfinden kannst, ob ein Wort mit einem Doppelkonsonanten geschrieben werden muss oder nicht. Hierzu solltest du das Wort in seine Silben zerlegen

Tricks für die Bestimmung von Doppelkonsonanten

- - Silbentrennung (beispielsweise durch das Schwingen)

- - Verlängerung der Wörter (vor allem dann, wenn der Doppelkonsonant am Ende eines Wortes steht (Beispiel: soll -> sollen)

- - keine Doppelkonsonanten bei langen Vokalen

Wie du das Wort in die Silben trennst, ist ganz dir überlassen. Hierfür kannst du auf die Technik des Schwingens zurückgreifen oder das Wort langsam und deutlich aussprechen und es somit in die einzelnen Silben zerteilen.

Beispiel:

klam-mern

Wie funktioniert die Technik des Schwingens?

Schreibe das Wort auf und lies im Anschluss laut vor. Dort, wo du in dem Wort eine kleine Pause machst, ist die Silbentrennung. Diese wird durch einen aufhörenden Bogen gekennzeichnet. Du kannst aber auch auf einen Bindestrich zwischen den Silben zurückgreifen.

Beispiel:

Sil-be

Oder anhand eines Wortes mit Doppelkonsonanten: Nen-nung

Wenn du dieses Wort laut aussprichst, bemerkst du, dass die eine Silbe mit einem „n“ aufhört und die andere aber auch wieder mit einem „n“ beginnt. Somit muss das Wort mit einem Doppelkonsonanten geschrieben werden.

Übung^{x}:

Überlege dir bei den folgenden Wörtern, ob diese mit einem Doppelkonsonanten geschrieben werden müssen. Greife hierfür auf eine Technik der Silbentrennung zurück. Schaue dir auch an, ob der Vokal lang oder kurz gesprochen wird.

Sone oder Sonne?

Afe oder Affe?

Anstelung oder Anstellung?

Tase oder Tasse?

Gabel oder Gabbel?

DIPHTHONG-LAUTE

Was sind überhaupt Diphthong-Laute?

Definition: Diphthong

Ein Diphthong ist ein Doppellaut aus zwei aufeinanderfolgenden Vokalen. Relevant ist hierbei, dass die Vokale unterschiedlich sind.

Sie können also nicht aus zwei gleichen Vokalen bestehen (wie beispielsweise „**uu**“, „**oo**“, „**aa**“, „**ee**“ oder „**ii**“).

Die Diphthonge werden beim Sprechen miteinander verbunden und können auch nicht mehr voneinander getrennt ausgesprochen werden.

Im Deutschen kennen wir folgende Diphthonge:

- „au“,
- „ei“,
- „ai“,
- „eu“,
- „äu“
- „ui“

Konkret als Beispiel in einem Wort:

„**au**“: hauen, Haut, Haufen, Donau, Urlaub

„**ei**“: ein, dein, mein, meistens, Meinung, Eier, Rhein

„**ai**“: Hai, Mai, Main

„**eu**“: heute, Eule

„**äu**“: häufig

„**ui**“: pfui, hui

Es gilt, zu beachten, dass der Diphthong „ui“ fast ausschließlich in Fremdwörtern vorkommt, die wir im Deutschen aber auch verwenden. So sind uns die Ausdrücke „pfui“ und „hui“ selbstverständlich bekannt.

Vielleicht ist dir bereits bei der Aussprache der Beispiele aufgefallen, dass die Diphthonge „ei“ und „ai“ sowie „eu“ und „äu“ gleich klingen.

Merke:

Ein Diphthong ist immer eine Verbindung aus zwei Vokalen, die aber gemeinsam gesprochen werden.

Die folgende Übung soll dir nicht nur ein Gefühl dafür geben, wie die Diphthonge ausgesprochen werden, sondern auch, wie sie in einem zusammenhängenden Text aussehen. Ziel dieser Übung soll es also sein, dein Bewusstsein für Diphthonge zu schärfen und dir näher zu bringen, wie oft Diphthonge eigentlich verwendet werden.

Übung[xi]:

Lies den folgenden kurzen Text laut vor und markiere alle Diphthonge farbig, die du siehst.

Weißt du, wohin ich dieses Jahr in den Urlaub fahre?

Nach Frankfurt am Main. Mit meiner ganzen Familie. Zunächst wollen wir die Stadt erkunden und uns dann am Main entspannen. Meist sind da ganz viele Menschen auf einem Haufen. Das passiert dort häufig.

Übung:

Die Aussprache der Diphthonge üben:

Es wurde bereits erwähnt, dass die Diphthonge zusammenhängend und nicht getrennt voneinander ausgesprochen werden müssen. Die folgende Übung soll dir dies nicht nur näherbringen, sondern dir auch ein Gefühl für die Artikulation bestimmter Laute geben.

Der „ei"-Laut: Sprich den Vokal „a" mit geöffnetem Mund aus. Schließe dann langsam den Mund und gehe zu dem Vokal „e" über. Dabei kommt dann der Laut „ei" raus, zum Beispiel „Ei".

Der „au"-Laut: Sprich erneut den Vokal „a" mit geöffnetem Mund aus. Runde dann langsam die Lippen und spreche dabei den Vokal „o" oder „u", zum Beispiel das Wort „auch".

Der „eu"- Laut: Runde die Lippen und sprich den Vokal „o" aus. Runde im Anschluss die Lippen noch etwas mehr und sprich dabei einen „ö"-Laut aus, zum Beispiel das Wort „Euro".

Achte darauf, dass du zwischen den einzelnen Vokalen keine Pause lässt. Wenn du magst, kannst du diese Übung vor einem Spiegel machen, um kontrollieren zu können, dass du tatsächlich keine Pause zwischen den Vokalen machst.

Wieder oder wider?

Genau wie bei den Wörtern „seid" und „seit" schleichen sich bei „wieder" und „wider" oft ein paar Fehler ein. Damit dir diese Fehler nicht (mehr) passieren, findest du in diesem Kapitel neben der Erklärung, wann du welches Wort verwendest, auch Übungsaufgaben.

Grundsätzlich ist das Problem bei diesen Wörtern, genau wie mit „seid" und „seit", dass sie sich gleich anhören, aber unterschiedlich geschrieben werden.

Grundsätzlich ist „wider" eine Präposition und „wieder" ein Adverb.

Wieder:

Dieses Wort kann als Synonym zu „nochmals", „erneut" oder „ein weiteres Mal" verwendet werden. Es sagt aus, dass eine bestimmte Tätigkeit oder eine Handlung öfter als einmal vorkommt oder vorgekommen ist.

Beispiel:

„Ich habe mir wieder Nudeln gekauft."

Dieser Satz gibt an, dass die Tätigkeit des Nudelkaufens bereits schon einmal vorgekommen ist und nun wiederholt wird. Es werden also wieder Nudeln gekauft.

Durch das Wort „wieder" können aber auch bestimmte Emotionen zum Ausdruck gebracht werden. So können wir „wieder" auch verwenden, um Ungeduld oder Erstaunen zum Ausdruck zu bringen.

Beispiel:

Ungeduld können wir ausdrücken durch die Frage „Wann kommst du denn endlich wieder?" und Erstaunen durch die Frage „Es gibt wieder so viel Neues, oder?"

Wieder kann in Verbindung mit einem Verb getrennt, aber auch zusammengeschrieben werden.

Beispiel:

Es war schön, dich wieder zu sehen. (Hier ist erneut sehen gemeint)

Ich möchte mir mein Buch von dir wiederholen. (Hier ist zurückholen gemeint)

Du schreibst wieder und das Verb zusammen, wenn gemeint ist, dass du dir etwas zurückholst oder zurückbekommst.

Tipp:

Wir benutzen in unserem Alltag viel häufiger „wieder". Aus diesem Grund kann es dir helfen, dir nur zu merken, wann das Wort „wider" verwendet wird.

Wider:

Dieses Wort kann allein verwendet werden. In diesem Falle kann es zwei Bedeutungen haben. Es kann als „gegen" oder „dagegen" verwendet werden, aber auch als „entgegen" beziehungsweise als „Widerspruch/im Gegensatz zu". Dabei kannst du dir merken, dass die Bedeutung „gegen" eher zu der gehobenen Sprache zählt und im Alltag nicht besonders oft verwendet wird.

Beispiel für die Bedeutung „gegen":

„Ich lief wider eine Wand"

Beispiel für die Bedeutung „Widerspruch/im Gegensatz zu":

Wider meinen ausdrücklichen Wunsch muss ich diese Aufgabe jetzt doch übernehmen.

Meine Idee wurde wider Erwarten doch gut angenommen.

Tipp:

Die Wörter „Erwarten“ und „Willen“ dienen als Signalwörter für das Wort „wider“. Achte in Texten oder beim Schreiben darauf, ob diese Signalwörter vorkommen. So weißt du dann automatisch, dass du das Wort „wider“ verwenden musst.

Eselsbrücke:

Das „e“ in „wieder“ steht für erneut.

Worauf solltest du bei „wider“ achten?

„Wider“ kann auch als eine Nominalisierung vorkommen. Es kann also zu einem Nomen geändert werden.

Beispiele:

„Alles hat ein Für und Wider.“

Widerstand

Das „Wider“ ist somit zu einem Nomen geworden.

Es gibt aber noch etwas zu beachten. Nämlich: auf das Wort „wider“ sollte stets ein Nomen im Akkusativ-Fall folgen. Das bedeutet, dass du dieses Nomen mit der Frage „wen oder was?“ erfragen kannst. Nomen, die im Dativ oder im Genitiv folgen, sind in der Kombination mit „wider“ falsch.

Merke:

„Wider“ wird immer dann verwendet, wenn es für „im Gegensatz zu“ oder im „Widerspruch“ stehen soll.

Hinweis:

Man kann austesten, ob ‚wider‘ oder ‚wieder‘ eingesetzt wird. Wenn es sich um eine erneute Handlung und somit um eine Wiederholung handelt, benutzt du „wieder“. Das Wort „wieder“ ist auch bereits in dem Wort „Wiederholung“ vorhanden. Wenn du keine Wiederholung, sondern einen Gegensatz meinst, verwendest du das Wort „wider“.

Übung[xii]:

„wider" oder „wieder"?

Streiche das falsche Wort in den folgenden Sätzen durch.

Er kam wieder/wider zu spät.

Er war wieder/wider Erwarten pünktlich.

Die Idee fand wieder/wider Erwarten Zuspruch.

Wann kommst du von der Schule wieder/wider?

WIDER UND WIEDER ALS VORSILBEN

Es ist auch möglich, die Wörter „wider“ und „wieder“ als Vorsilben zu verwenden. Aber was gibt es hierbei zu beachten? Auch, wenn „wider“ und „wieder“ als Vorsilben verwendet werden, gilt weiterhin, dass „wieder“ eine Wiederholung darstellt und „wider“ für einen Gegensatz oder einen Widerspruch verwendet wird. Die folgende Tabelle soll dir einen Überblick darüber geben, welche Worte es gibt, in denen „wider“ und „wieder“ als Vorsilben vorkommen.

Wieder-	Wider-
Wiederkommen	Widerwillen
wiederholen	widersprechen
wiedergeben	widerstehen
Wiederbekommen	widerspenstig

Übung[xiii]:

Fülle die Lücken aus. In die Lücken passen „wider“ und „wieder“, diese können auch als Vorsilbe vorkommen.

Heute Morgen bin ich __________ erst um sechs Uhr aufgewacht. Auf dem Weg zur Schule gab es einen Unfall. Hier musste eine Person mithilfe der Herzdruckmassage _____________________ werden. _____________ meinen Willen musste ich recht nah an der Unfallstelle entlanglaufen.

Als ich endlich in der Schule ankam, musste ich ______________ meine Hausaufgaben vorstellen. ____________ Erwarten waren sie sogar richtig.

Briefe und formelle E-Mails

Früher oder später wirst du Briefe und formelle E-Mails verfassen müssen. Damit dies dann für dich ein Kinderspiel wird und du weißt, worauf es hierbei ankommt, soll dir dieses Kapitel helfen.

Sehr wahrscheinlich hast du schon einmal einen persönlichen Brief oder eine Postkarte geschrieben. Da dies persönlich ist und du einen Draht zu dem Empfänger des Briefes hast, musst du hier eigentlich keine Formalitäten beachten. Anders ist es, wenn du einen Brief an eine Person schreibst, die nicht so gut oder sogar gar nicht kennst.

EINEN FORMELLEN BRIEF SCHREIBEN

Definition: formeller Brief

Einen formellen Brief schreibst du, wenn du ein offizielles Anliegen hast. Hierbei sind Briefe an Freunde oder Familie ausgenommen. Vielmehr richten sich formelle Briefe an diejenigen, die du meist nur wenig oder gar nicht kennst und von denen du etwas möchtest.

Einen formalen Brief kannst du beispielsweise für Beschwerden, Bewerbungen oder Anfragen verwenden.

Aber: Wie ist ein solcher Brief eigentlich aufgebaut?

Der Briefkopf:

Damit der Empfänger auch weiß, von wem dieser Brief eigentlich stammt, müssen Angaben zu deiner Person gemacht werden. Diese stehen auf dem Briefpapier oben links. Hier sollte dein Name, deine Adresse, deine Telefonnummer und gegebenenfalls auch deine E-Mail-Adresse angegeben werden. Oben rechts werden der Ort, wo der Brief verfasst wurde, sowie das Datum vermerkt.

Unter den Angaben zu dem Versender des Briefes folgen Informationen zu dem Empfänger des Briefes. Das heißt: An wen soll der Brief gehen? Falls dies ein Unternehmen ist, dann sollte immer die Firma und die entsprechende zuständige Person angegeben werden. Aber auch die Adresse solltest du vermerken.

In einem formellen Brief solltest du eine Betreffzeile einfügen. Hier kannst du kurz das Anliegen des Briefes schildern.

Beispiel:

- Kündigung des Abos mit der Nummer XYZ
- Bewerbung als XYZ

Unter der Betreffzeile beginnt die Anrede. Hierbei solltest du darauf achten, dass die Anrede so höflich wie möglich ist.

Beispiel:

Sehr geehrte Damen und Herren, Sehr geehrte Frau .../ Sehr geehrter Herr ...

Nach der Anrede wird immer ein Komma gesetzt.

Tipp:

Wenn du den Empfänger deines Briefes kennst, so spreche ihn in der Anrede konkret an, beispielsweise mit „Sehr geehrter Herr ...“/ „Sehr geehrte Frau ...“ Ist dir der Empfänger des Briefes nicht bekannt, so solltest du die Anrede „Sehr geehrte Damen und Herren“ verwenden.

Das tatsächliche Anliegen deines Briefes schilderst du in einem folgenden Brieftext.

Beispiel:
Hiermit möchte ich mein Abo bei XY fristgerecht zum 01.08.2020 kündigen. Ich bitte um eine schriftliche Bestätigung meiner Kündigung.

Hierbei solltest du darauf achten, dass du dein Anliegen sachlich und höflich schilderst, aber es auch auf den Punkt bringst. Der Empfänger deines Briefes sollte schließlich direkt wissen, was du ihm mitteilen möchtest.

Achte außerdem darauf, dass du die Höflichkeitspronomen verwendest. Den Empfänger des Briefes zu duzen, kommt nicht gut an, denn schließlich kennt ihr euch nicht. Unter den Höflichkeitspronomen versteht man die Pronomen „Sie" und „Ihnen". Diese werden auch immer großgeschrieben. Nachdem du dein Anliegen geschildert hast, solltest du deinen Brief mit einer Grußformel und einer Unterschrift beenden.

Beispiele für Grußformeln sind unter anderem:
- Mit freundlichen Grüßen
- Hochachtungsvoll
- Herzliche Grüße
- Freundliche Grüße

Wie sieht so ein formeller Brief denn nun als konkretes Beispiel aus?

Max Mustermann
Musterstraße 1
12345 Musterstadt

Oben links steht der Absender mit seiner vollständigen Adresse

Etwa 5 Zeilen darunter steht die vollständige Anschrift des Empfängers

Erika Musterfrau
Musterweg 1
67890 Musterstadt

Oben rechts stehen Ort und Datum des Absenders

Stadt, 01.08.2021

Bekanntgabe der Brückentage im Schuljahr 2021/2022

3–4 Zeilen darunter steht in fetten Buchstaben der Betreff (ohne das Wort Betreff!): Er gibt in wenigen Worten die Intention bzw. den Inhalt des Briefes an

Sehr geehrte Damen und Herren,

Darunter folgt die korrekte Anrede, falls keine Namen bekannt sind: „Sehr geehrte Damen und Herren, ..." oder auch nur „Guten Tag, ..." Achtung, nach der Anrede folgt ein Komma!

....

Nach dem Briefinhalt steht die Schlussformel „Mit freundlichen Grüßen", „Freundliche Grüße" oder, wenn der Empfänger etwas bekannter ist, „Viele Grüße" Achtung, hier kein Komma!

Mit freundlichen Grüßen

Max Mustermann

Immer mit Vor- und Nachnamen unterschreiben

Übung:

Verfasse einen formellen Brief, wie in dem oberen Beispiel, zu einem Anliegen deiner Wahl. Du kannst zum Beispiel einen Vertrag kündigen oder eine Bewerbung verfassen.

Hierbei kannst du dich an dem oberen Beispiel orientieren.

Neben dem eigentlichen Brief ist auch die korrekte Beschriftung des Briefumschlags essenziell.

Wie beschriftet man einen solchen Briefumschlag richtig?

Die Seite des Briefumschlages, die nicht geklebt werden kann, wird immer beschriftet und mit einer Briefmarke versehen. Hierbei wird die Briefmarke nach rechts oben geklebt. Links oben steht der Name und die Adresse des Absenders, also der Person, die diesen Brief verfasst hat. Rechts unten stehen der Name und die Adresse des Empfängers.

Beispiel für die Beschriftung eines Briefumschlags:

Nina Gold
Musterstraße 2
12031 Musterstadt

Briefmarke

Mustermagazin
An der Musterstraße 10
20131 Musterstadt

EINE E-MAIL SCHREIBEN

Neben dem Schreiben von formellen Briefen ist auch das Schreiben von E-Mails immer wichtiger geworden. Generell sind E-Mails aus unserem Alltag nicht mehr wegzudenken. Aus diesem Grund ist es noch wichtiger, zu wissen, wie solche E-Mails richtig geschrieben werden.

Definition: E-Mail

Eine E-Mail ist ein elektronisch vermittelter Text, der nicht auf Papier geschrieben ist und somit auch nicht über den regularen Postweg verschickt wird. E-Mails erreichen ihren Empfänger innerhalb von nur wenigen Sekunden.

Formelle E-Mails werden im Grunde von dem eigentlichen Text her genauso geschrieben wie die formellen Briefe. Der Unterschied zwischen formellen E-Mails und formellen Briefen liegt dabei darin, dass in dem Textfeld natürlich nicht die Adresse des Empfängers und auch nicht deine eigene Adresse angegeben werden müssen. Zudem variiert die Art des Versendens. Anders als bei dem Briefversand benötigst du für eine E-Mail keine Briefmarke und musst sie auch nicht in einen Postkasten einwerfen. Auch ist der Weg der Übermittlung deutlich kürzer, da eine E-Mail innerhalb von wenigen Sekunden ankommt, während ein Brief ein paar Tage braucht. Aber nun einmal konkret zum Aufbau einer E-Mail:

Oben in der ersten Zelle wird die E-Mail-Adresse des Empfängers deiner E-Mail angegeben wird.

Tipp:

Eine E-Mail-Adresse erkennst du daran, dass nach einem Namen immer ein @... .de folgt.

Als Beispiel: mustermann@mustermail.de

In der zweiten Zeile wird nach einer Mailadresse gefragt, die du in Kopie (CC) setzen kannst. In der Regel kannst du diese Zeile unausgefüllt lassen. Die Kopie bedeutet lediglich, dass jemand anderes, an den die E-Mail nicht gerichtet ist, diese E-Mail ebenfalls bekommt. Dies könnte beispielsweise wichtig sein, wenn du eine wichtige Absprache mit deinem zukünftigen Arbeitskollegen hast und hierfür deinen Vorgesetzten „in Kopie" setzt. Es wird somit indirekt der Druck aufgebaut, dass diese Absprache funktionieren muss, da der Vorgesetzte diese E-Mail ja bereits gelesen hat.

Die Betreffzeile solltest du so kurz wie möglich, aber auch so lang wie nötig halten. Das bedeutet, dass durch die Betreffzeile dein eigentliches Anliegen schon klar werden sollte. Sie sollte also präzise formuliert sein. Die Person, die deine E-Mail bekommt, sollte also direkt wissen, um was genau es geht.

Beispiel:
Du möchtest deinen Vertrag kündigen. In die Betreffzeile schreibst du: Kündigung des Vertrages mit der Auftragsnummer 01234

In dem Textfeld folgt dann die Schilderung deines Anliegens. Dieses Textfeld ist genauso aufgebaut wie der Haupttext in einem formellen Brief. Das bedeutet, dass du deinen E-Mail-Text ebenfalls mit einer höflichen Anrede beginnst und anschließend dein Anliegen schilderst. Schließe deine E-Mail mit einer Grußformel und deinem Namen ab. Das Besondere an E-Mails ist, dass du einen Anhang einfügen kannst. Dies bedeutet, dass du Dokumente mit an deine E-Mail anhängen kannst. Du kannst einer digitalen E-Mail also auch eine schriftliche Kündigung anhängen. Beachte aber, dass ein Anhang niemals den eigentlichen Text in deiner E-Mail ersetzen kann. Ein richtiger Text sollte in einer formellen E-Mail immer vorhanden sein.

Übung[xiv]:

Verfasse eine E-Mail mit einem Anliegen deiner Wahl. Du kannst beispielsweise einen erfundenen Vertrag kündigen oder einen möglichen Text für eine Bewerbung verfassen.

Zusammen- und Getrenntschreibung

Weißt du, wann zusammen und wann getrennt geschrieben wird? Bist du dir hierbei auch immer ganz sicher? Oder bist du dir noch unsicher, wann Wörter getrennt geschrieben werden und wann nicht?

Falls diese Unsicherheit auf dich zutrifft, wird dir dieses Kapitel dabei helfen, deine Unsicherheit aus dem Weg zu räumen und sicherer in der Zusammen- und Getrenntschreibung zu werden.

Doch zunächst: Welche Wortgruppen werden eigentlich getrennt geschrieben?

Grundsätzlich gilt, dass folgende vier Wortgruppen getrennt geschrieben werden:

Verb + Verb Nomen + Verb Adjektiv + Verb Verbindungen mit dem Hilfsverb „sein“

Aber nun noch einmal Schritt für Schritt:

Verb + Verb:

Die Kombination von Verb und Verb wird immer getrennt geschrieben.

Beispiel:

In der Schule muss ich schreiben lernen.

Ich möchte vorlesen üben.

Erläuterung:

Beide Verben sind eigenständig zu betrachten. Sie bilden kein zusammenhängendes Wort und werden aus diesem Grund getrennt geschrieben.

Übung[xv]**:**

Ergänze folgende Sätze:

Schwimmen ____________________

Lesen __________________

Ich habe leider den Teller auf den Boden _________________________

Ich habe meinen Rucksack in der Schule _________________________.

Nomen + Verb:

Auch die Kombination aus einem Nomen und einem Verb wird getrennt geschrieben.

Beispiele:

Rad fahren, Schlittschuh laufen, Spaziergang machen

Übung[xvi]:

Ergänze folgende Beispiele:

Ski ____________________

Auto __________________

Nomen + Partizip:

Im Deutschen schreiben wir aber auch Wortgruppen mit Nomen + Partizipien getrennt.

Beispiel:

Not leidend

Bei dieser Kombination wird aus dem Verb das Partizip I gebildet.

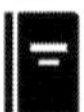

Definition: Partizip I

Das Partizip I beschreibt Handlungen, die gleichzeitig stattfinden, oder Handlungen, die im gleichen Moment geschehen.

Beispiel: Während ich noch schlief, hat meine Mutter Frühstück gemacht.

Hierbei geschieht die Handlung des Schlafens und die Zubereitung des Frühstücks gleichzeitig.

So bildest du das Partizip I:

Das Partizip wird im Deutschen gebildet, indem an den Infinitiv der Buchstabe „d" angehängt wird. Dies kannst du auch in dem Beispiel beobachten.

Übung 1[xvii]:

Ergänze das Wort mit der Bildung des Partizips

Rad ________________

Auto ________________

Es kann allerdings auch vorkommen, dass die Verbindung aus Nomen + Verb zusammengeschrieben wird.

Wann kommt dies vor?

Bei der Nominalisierung von getrennt geschriebenen Wortgruppen wird das Wort zusammengeschrieben.

Merke:
Die Nominalisierung bedeutet, dass aus einem Verb ein Nomen gemacht wird beziehungsweise dass aus einem Nomen und einem Verb ein Nomen gemacht wird. Dieses Wort wird zusammengeschrieben.

Beispiel:
- das Radfahren
- das Autofahren
- das Kugelstoßen

Übung 2[xviii]:
Bilde aus den aufgeführten Nomen und Verben ein zusammengeschriebenes einzelnes Nomen.

Bus + fahren = das

Feuer + spucken = das ____________________

Schlitten + fahren = das ____________________

Adjektiv + Verb:

Wortgruppen aus einem Adjektiv und einem Verb werden dann getrennt geschrieben, wenn das Adjektiv gesteigert wurde oder ein „sehr“ oder ein „ganz“ in dem Satz zu finden ist.

Zur Erinnerung: Adjektive können gesteigert werden.

Beispiel:

schnell – schneller – am schnellsten

Hierbei ist „schneller“ die Steigerung von „schnell“ und „am schnellsten“ die Steigerung von schneller.

Konkret nennt man die nicht gesteigerte Form „Positiv“, die gesteigerte Form des Positivs ist der „Komparativ“. Wird der Komparativ gesteigert, so ist dies der „Superlativ“.

Beispiele mit einem Adjektiv und einem Verb:

Ich muss schneller gehen.

Das muss er sehr ernst nehmen.

Übung:

Ergänze folgende Satzanfänge

Das Auto kann ____________ __________________

Ich kann ______________ _________________ als du.

Du bist _____________ _____________________

Verbindungen mit dem Hilfsverb „sein“:

Verbindungen mit dem Hilfsverb „sein“ werden immer getrennt geschrieben.

Was genau ist das Hilfsverb „sein“:

Definition: Hilfsverb

Das Hilfsverb dient der Zusammensetzung eines Verbs. Hilfsverben können nicht allein im Satz stehen. Sie sind also auf ein anderes Verb angewiesen.
Beispiele für Hilfsverben sind „sein“ und „haben“.

Beispiel für ein Hilfsverb im Satz: Ich habe heute lange geschlafen.

Hierbei ergänzt das Hilfsverb „haben“ das Verb „geschlafen“.

Grundsätzlich wird das Hilfsverb „sein“ bei Verben der Bewegung und einer Zustandsänderung verwendet.

Das Hilfsverb „sein“ wird wie folgt konjugiert:

- Ich bin
- Du bist
- Er/sie/es ist
- Wir sind
- Ihr seid
- Sie sind

Beispiel:
Du kannst zufrieden sein.
Ich sehe, du bist glücklich.

Übung[xix]:

Ergänze das passende Wort in den folgenden Beispielen

Meine Umgebung muss ruhig _________.

Ich möchte beim Lernen allein _____________.

Du __________ heute an mir vorbeigelaufen.

Er __________ heute aber ganz schön ruhig.

Wörtliche Rede

Wenn du eine Geschichte oder ein Märchen verfassen möchtest, brauchst du häufig die wörtliche Rede. Diese ist dir sicherlich schon in Texten, die du gelesen hast, aufgefallen.

Definition: Wörtliche Rede

Die wörtliche Rede wird in Texten verwendet, um anzugeben, was eine Person genau gesagt hat. Das wörtlich Gesprochene wird also schriftlich wiedergegeben. Du verwendest die wörtliche Rede somit immer dann, wenn die gesprochene Sprache wiedergegeben wird.

Dies kann auf unterschiedliche Art und Weise geschehen, beispielsweise in der sogenannten „direkten Rede", der „indirekten Rede" oder der „erlebten Rede". Die indirekte Rede ist das Gegenstück der direkten Rede. Sie umschreibt das Gesagte.

Die wörtliche Rede wird allerdings nicht in wissenschaftlichen Texten, wie Seminararbeiten oder Berichten, verwendet.

Was ist mit der direkten Rede eigentlich gemeint?

Die direkte Rede:

Sie gibt genau das gesprochene Wort wieder. Sie macht Erzählungen durch die Wiedergabe des Gesagten oder Gedachten lebendiger.

Beispiel:

Sie sagt: „Ich nehme in fünf Minuten den Bus."

Es ist aber auch möglich, dass nicht nur das gesprochene Wort wiedergegeben wird, sondern auch die Gedanken, die eine Person hat.

Beispiel:

Sie dachte: „Ich habe ja noch Zeit. Ich erledige die Aufgabe morgen."

Wie wird die direkte Rede gebildet? Wie ist sie aufgebaut?

Die direkte Rede wird durch die Anführungszeichen (auch: Gänsefüßchen) unten („) und oben (") kenntlich gemacht. So wird der Beginn einer direkten Rede durch Anführungszeichen unten gekennzeichnet, während das Ende einer wörtlichen Rede mit Anführungszeichen oben markiert wird. Steht ein Satz in Anführungszeichen, ist dies ein Indiz für die direkte Rede.

Die wörtliche Rede weist somit eine besondere Zeichensetzung auf:

Gut zu wissen:

Schreibst du einen Text am Computer, sind die Anführungszeichen in einigen Fällen oft nur oben möglich. Hier brauchst du dich nicht zu wundern. Das ist kein Fehler, sondern einfach die vom Computer vorgegebene Form.

Meist wird die wörtliche Rede durch einen **Begleitsatz** eingeleitet.
Unter einem Begleitsatz versteht man zum Beispiel: „Ich sagte", „er rief", „sie denkt".

Der Begleitsatz kann aber auch nach der wörtlichen Rede stehen.

Beispiel:

„Ich bin zu spät", sagte ich.

Unter einem Begleitsatz werden die Sätze verstanden, die die wörtliche Rede begleiten. Bei den Begleitsätzen werden fünf Arten von Begleitsätzen unterschieden:

Begleitsätze gehen der wörtlichen Rede voraus.

Beispiel:

„Ich rufe" oder „Sie schrie"

Vorangestellter Begleitsatz: Der Begleitsatz geht der wörtlichen Rede voraus. Die wörtliche Rede folgt auf diesen Satz.

Wörtliche Rede in wörtlicher Rede: Hier wird in einer direkten Rede angegeben, was jemand anderes beispielsweise noch gefragt oder gesagt hat.

Nachgestellter Begleitsatz: Die wörtliche Rede geht dem Begleitsatz voraus.

Eingeschobener Begleitsatz: Der Begleitsatz wird zwischen die wörtliche Rede geschoben.

Wörtliche Rede zwischen zwei Begleitsätzen: Die wörtliche Rede wird zwischen zwei Begleitsätze gestellt.

Merke:
Eine wörtliche Rede beginnt immer mit einem Großbuchstaben, das heißt, sie wird am Satzanfang immer großgeschrieben.

Übung 1[xx]:

Bilde aus den folgenden Sätzen die direkte Rede.

Und er dachte, dass er es noch rechtzeitig zum Bus schaffen würde.

Ich sagte, dass ich die Aufgabe gerne übernehmen kann.

Sie denkt, dass ein großes Geschenk zum Geburtstag angemessen ist.

Das Gegenstück zur direkten Rede ist die indirekte Rede.

Aber was ist die indirekte Rede eigentlich?

Die indirekte Rede:

Die indirekte Rede gibt an, was eine Person gesagt hat, ohne den konkreten Wortlaut wiederzugeben. Das bedeutet, dass die Hauptaussage zwar deutlich wird und beschrieben wird, was gesagt wurde, jedoch so, dass das tatsächlich Gesagte nicht wiedergegeben wird.

Meistens wird die indirekte Rede in schriftlicher Sprache verwendet, beispielsweise in Interviews, Berichten, Nachrichten, Protokollen, aber vor allem auch in literarischen Texten. Aus diesem Grund wird die indirekte Rede auch **nicht** in Anführungszeichen gesetzt.

Ein Beispiel der indirekten Rede:

Sie sagte, dass sie heute zum Frühstücken verabredet sei.

Wie wird die indirekte Rede gebildet?

Gebildet wird die indirekte Rede immer mit dem Konjunktiv. Hierbei muss unterschieden werden, ob die indirekte Rede in der Gegenwartsform verwendet wird oder in der Vergangenheitsform.In der Gegenwartsform wird der Konjunktiv I der dritten Person gebildet, indem an den Stamm des Verbs die Endung -e angehängt wird.

Beispiel:

Sagt: Stamm: sag + Endung -e: er sage,
Wollen: Stamm: woll + Endung -e: sie wolle
Meinen: Stamm: mein + Endung -e: Er meine

Die Vergangenheitsform der indirekten Rede bilden wir, indem wir den Konjunktiv I von „haben" oder „sein" und das Partizip verwenden.

Beispiel:

Er habe gesagt, dass es zu viel für ihn ist.

Wie wird der Konjunktiv I von „haben" und „sein" gebildet?

Die Bildung des Verbes „sein" ist im Folgenden für dich aufgelistet:

- Ich sei
- Du seist
- Er/sie/es sei
- Wir seien
- Ihr seiet
- Sie seien

Übung 2[xxi]:

Bilde aus den folgenden wörtlichen Reden die indirekte Rede:

Er sagte: „Ich bin zu spät."

Sie sagt: „Das weiß ich schon."

Er sagt: „Ich komme gleich."

Fremdwörter

Fremdwörter sind mittlerweile ein fester Bestandteil in unserer Alltagssprache. Wörter wie „cool" oder „Smartphone" werden quasi täglich verwendet. Dabei sind diese Wörter aus einer anderen Sprache übernommen worden. Es gibt aber auch Fremdwörter, die im gehobenen Deutsch verwendet werden und somit nicht nur Teil der Alltagssprache sind. Dieses Kapitel soll dir ein paar der vielen Fremdwörter näherbringen und dir zeigen, wie du sie einfach in deinen Wortschatz integrieren kannst.

Aber was genau sind Fremdwörter eigentlich?

Definition: Fremdwort

Unter einem Fremdwort wird ein Wort verstanden, welches aus einer anderen Sprache/einem anderen Land übernommen wird.

Häufig werden Fremdwörter nicht verändert. Sie werden also 1:1 aus einer anderen Sprache übernommen, häufig aus dem englischen Sprachraum. Werden Fremdwörter nicht 1:1 übernommen, spricht man von einer Eindeutschung. Hierbei wird die Schreibweise des Wortes den deutschen Laut-Buchstaben angepasst.

Anglizismen sind englische Wörter, die wir in unseren Sprachgebrauch integrieren. Diese Wörter bleiben aber in der englischen Sprache. Wir übersetzen sie also nicht ins Deutsche. So sagen zum Beispiel immer mehr Jugendliche „Das ist total satisfying", wenn sie eigentlich das Wort „schön" oder „befriedigend" meinen.

Eingedeutschte Wörter sind Wörter, die ihren Ursprung nicht in der deutschen Sprache haben, aber ins Deutsche übernommen und angepasst wurden. So ist „Handy" zum Beispiel entgegen allen Erwartungen kein englisches Wort, auch wenn man dies vermuten könnte.

Es ist aber auch möglich, Fremdwörter zu vereinfachen. Deutlich wird dies dann in ihrer Schreibweise.

Beispiele:
Paragraph wird zu Paragraf.
Potential wird zu Potenzial.

Warum brauchen wir überhaupt Fremdwörter?

Fremdwörter können es möglich machen, beispielsweise eine komplexe Charaktereigenschaft wie „introvertiert" oder „extrovertiert" mit nur einem Wort auszudrücken. Mit diesem einen speziellen Wort weiß jeder schnell, welche Charaktereigenschaft zum Beispiel gemeint ist und was sie bedeutet.

Wie kannst du erkennen, ob es sich um Fremdwörter handelt?

Es gibt Aneinanderreihungen von Konsonanten, die im Deutschen eher untypisch sind. So sind die Kombinationen „th", „ph" und „ch" für das Deutsche untypisch. Aus diesem Grund kannst du bei diesen Kombinationen davon ausgehen, dass es sich um Fremdwörter handelt.

Beispiele:
th: Mythos, ästhetisch
ph: Philosophie, Asphalt
ch (am Anfang des Wortes): Chancen, Charter, Chaoten

Die folgende Tabelle soll dir aufzeigen, welche beispielhaften Fremdwörter sonst noch im Deutschen Gebrauch zu finden sind und was sie genau bedeuten.

Fremdwort	**Bedeutung**
Agenda	Notiz oder Arbeitsplan für eine Besprechung oder Gruppenarbeit
Interpretation	Das Verständnis eines Textes oder einer Nachricht
Adäquat	Angemessen
Redundant	Mehrfach vorhanden
Obligatorisch	Pflicht oder verpflichtend
Banal	Alltäglich, gewöhnlich

Übung:

Ergänze die oben aufgeführte Tabelle mit Fremdwörtern, die du kennst. Falls dir die Wörter ausgehen, kannst du auch im Alltag nach Fremdwörtern Ausschau halten.

Satzgefüge

Bestimmt hast du schon einmal etwas von Satzgefügen gehört. Aber weißt du auch, was man darunter versteht?

Definition: Satzgefüge

Unter einem Satzgefüge wird die Verbindung eines Hauptsatzes mit einer Konjunktion sowie einem Nebensatz verstanden.

Ein Satzgefüge besteht somit also immer aus einem Hauptsatz und einem Nebensatz. Ein vollständiger Satz (der Hauptsatz) wird mit einem unvollständigen Satz (dem Nebensatz) verbunden.

Ein Satzgefüge kann mit einem Hauptsatz, aber auch mit einem Nebensatz beginnen.

Im Deutschen können wir einfache und komplexe Sätze bilden.

Ein einfacher Hauptsatz könnte dabei wie folgt lauten:

Beispiel:

„Ich bin zur Schule gegangen."

Doch nicht immer besteht ein Satz aus nur einem einzigen Satzteil. Oft sind Sätze durch Kommata abgetrennt oder beispielsweise mit „und" verbunden. Alle Satzgefüge werden mit einem Bindewort miteinander verbunden. Ein Bindewort ist zum Beispiel die Konjunktion „und" oder „weil". An diesen Konjunktionen kannst du auch direkt den Nebensatz erkennen, denn dieser wird meist mit einem solchen Bindewort eingeleitet.

Was ist nun ein komplexer Satz?

Definition: Komplexer Satz

Unter einem komplexen Satz wird ein Satz verstanden, der mindestens aus einem Haupt- und Nebensatz besteht.

Ein Beispiel eines Satzgefüges wäre:

Beispiel:

Ich gehe gerne in die Schule, weil ich dort meine Freunde sehe.

Weswegen ist dieses Beispiel ein Satzgefüge?

Du kannst erkennen, dass dieser Satz durch das Komma in zwei Teile geteilt wurde. Verbunden wurde der Satz durch die Konjunktion „weil“. Der Teil, der nach der Konjunktion „weil“ steht, ergänzt den ersten Satzteil mit zusätzlichen Informationen.

Übung[xxii]:

Bestimme bei den folgenden Sätzen, ob es sich um ein Satzgefüge handelt.

Ich fahre heute in den Urlaub.

Ich fahre heute in den Urlaub, um meine Familie zu treffen.

Ich bin mit dem Flugzeug in den Urlaub geflogen.

Ich bin mit dem Auto zu meiner Familie gefahren und habe die Fahrt über geschlafen.

HAUPTSÄTZE

Satzgefüge bestehen also aus einem oder mehreren Hauptsätzen.

Aber was genau ist ein Hauptsatz?

Definition: Hauptsätze

Hauptsätze sind grammatisch vollständige Sätze, die allein stehen können. Ein Hauptsatz besteht zumeist aus einem Subjekt, Prädikat und Objekt. Außerdem findet sich in einem Hauptsatz das konjugierte Verb immer an zweiter Stelle.

Beispiel:

Ich fahre mit dem Bus.

Ein Satz besteht also immer aus einem Subjekt, einem Verb und einem Objekt. Anhand des Beispiels würde dies konkret bedeuten:

„Ich" ist das Subjekt, „fahre" ist das Verb und „Bus" ist das Objekt.

Einem Hauptsatz können weitere Sätze angehängt werden.

Aber wie können wir einen Hauptsatz erkennen?

Hauptsätze können durch ihre Verbstellung von Nebensätzen unterschieden werden. In den Hauptsätzen steht das finite Verb an zweiter Stelle.

Definition: finites Verb

Ein finites Verb ist immer konjugiert. Dies bedeutet, dass anhand des Verbs Informationen über Person (1., 2., 3.), Numerus (Singular und Plural) und Tempus (beispielsweise Präsens oder Präteritum) abgelesen werden können.

Beispiel für ein finites Verb:

Ich lese.

In zweiter Position bedeutet, dass das finite Verb das zweite Wort in einem Satz ist.

Beispiel:

Ich fahre mit dem Bus.

Zum Vergleich: In Nebensätzen hingegen steht das finite Verb an letzter Position.

Beispiel:

Ich fahre mit dem Bus, der heute pünktlich gekommen ist.

Das Verb „ist“ steht hierbei an letzter Position des Satzes.

Übung [xxiii]:

Markiere den Hauptsatz und das finite Verb in den folgenden Sätzen.

Ich bin heute zu spät nach Hause gekommen, weil ich noch mit meinen Freunden spielen musste.

Ich bin heute früh aufgestanden.

Der Mond, welcher heute hell schien, erscheint gelb.

NEBENSÄTZE

Nachdem herausgestellt wurde, was ein Hauptsatz ist und wie du ihn erkennen kannst, soll nun geklärt werden, was eigentlich ein Nebensatz ist und wie er erkannt werden kann.

Definition: Nebensatz

Unter einem Nebensatz versteht man einen Teilsatz, der zu einem Hauptsatz gehört. Er kann, anders als der Hauptsatz, nicht allein stehen, sondern ist auf den Hauptsatz angewiesen.

Wie bereits erklärt wurde, kannst du Nebensätze daran erkennen, dass das konjugierte Verb an letzter Stelle im Satz steht, an der sogenannten **Verbletztstellung**.

Zudem kann ein Nebensatz nicht allein stehen. Würde er das tun, so würde er keinen Sinn ergeben. Wir könnten also sagen, dass der Nebensatz den Hauptsatz mit Informationen ergänzt.

Der Nebensatz kann hinter dem Hauptsatz stehen, aber auch davor. Wir können also somit nicht automatisch davon ausgehen, dass der Nebensatz immer hinter dem Hauptsatz steht.

Es ist aus diesem Grund wichtig, sich immer das ganze Satzgefüge anzusehen, um feststellen zu können, was nun der Haupt- und was der Nebensatz ist.

Woran kannst du einen Nebensatz noch erkennen?

Einen Nebensatz kannst du neben der Verbletztstellung noch daran erkennen, dass das Nomen auf die Konjunktion folgt. Dies bedeutet: Nach Konjunktionen, wie beispielsweise „und" oder „weil", folgt das Nomen. Das „ich" stellt hierbei das Nomen dar.

Ein Beispiel:

Ich bin gestern spät nach Hause gekommen, weil ich noch mit meinen Freunden gespielt habe.

Übung [xxiv]:

Erkenne in den folgenden Sätzen den Nebensatz.

Ich bin heute müde, weil ich gestern zu lange wach war.

Weil ich zu lange geschlafen habe, musste ich heute Morgen zum Bus rennen.

Ich habe mein Frühstück heute mitgenommen, um meinen Bus noch zu erwischen.

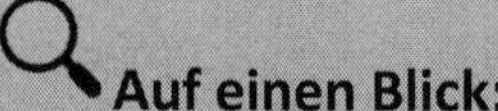

Auf einen Blick:

Die Merkmale eines Nebensatzes:

- Er kann in einen Hauptsatz eingeschoben werden (erkennbar durch die zwei Kommata, welche den Nebensatz von dem Hauptsatz abgrenzen).

- Das Verb steht an letzter Stelle (Verbletztstellung).

- Der Nebensatz kann nicht allein stehen (er würde dann keinen Sinn ergeben).

EINGESCHOBENE NEBENSÄTZE

Es ist nicht nur möglich, den Nebensatz auf einen Hauptsatz folgen zu lassen oder den Nebensatz dem Hauptsatz voranzustellen. Wir können im Deutschen einen Nebensatz auch einschieben.

Was ist ein eingeschobener Nebensatz und wie kannst du sie erkennen?

Definition: Eingeschobener Nebensatz

Ein eingeschobener Nebensatz unterbricht den Hauptsatz mithilfe von Kommata.

Das bedeutet:

Der eingeschobene Nebensatz steht nicht, wie der normale Nebensatz, vor oder nach einem Hauptsatz, sondern unterbricht diesen.

Erkennbar wird dies durch die Kommata, welche den eingeschobenen Nebensatz umschließen.

Ein Beispiel:

Der Hund, welcher braunes Fell hat, bellt laut.

Der Hauptsatz „Der Hund bellt laut" wird von dem Nebensatz „welcher braunes Fell hat" unterbrochen.

Übung [xxv]:

Schiebe den Nebensatz in den Hauptsatz ein. Achte darauf, ihn mit Kommata von dem Hauptsatz abzugrenzen.

Hauptsatz: Ich bin mit meiner Familie in einem Auto in den Urlaub gefahren

Nebensatz: welches grün ist

Satz:

Hauptsatz: Am Abend bin ich in einem Park spazieren gegangen

Nebensatz: der gut beleuchtet ist

Satz:

Hauptsatz: Im Schwimmbad ist meine Schwester von einem Sprungturm gesprungen

Nebensatz: der 3 Meter hoch ist

Satz:

KONDITIONALSÄTZE

Du kannst mit dem Begriff „Konditionalsätze" noch nichts oder noch nicht so viel anfangen? Kein Problem. Dieses Kapitel soll dir näherbringen, was Konditionalsätze sind und wie du sie erkennen und anwenden kannst.

Definition: Konditionalsätze

Konditionalsätze geben eine Bedingung an. Sie werden aus diesem Grund auch Bedingungssatz genannt. Der Konditionalsatz zählt zu den Nebensätzen und wird meist mit „falls", „sofern" oder „wenn" eingeleitet. Der Nebensatz formuliert die Bedingung, die erfüllt werden muss, damit die jeweilige Folge, welche im Hauptsatz ausgedrückt wird, eintritt. Bedingungssätze können nicht in der Vergangenheit stehen.

Beispiel:

Ich ärgere mich, wenn sich andere Menschen verspäten.

Hauptsatz: Ich ärgere mich

Nebensatz: wenn sich andere Menschen verspäten

Die Verspätung anderer Leute (die Bedingung, die erfüllt sein muss) führt dazu, dass ich mich ärgere (die Folge).

Genauso wie bei Nebensätzen kann ein Konditionalsatz auch vor dem Hauptsatz stehen. In diesem Beispiel würde es dann heißen: Wenn sich andere Menschen verspäten, ärgere ich mich.

Konditionalsätze können auch nominalisiert werden. Hierfür wird auf bestimmte Präpositionen zurückgegriffen.

Nämlich auf:

„bei“ + **Dativ**,

„mit“ + **Dativ**,

„durch“ + **Akkusativ**,

„ohne“ + **Akkusativ**,

„im Falle“ + **Genitiv**,

„im Falle von“ + **Dativ**

Beispiel:

Im Falle einer Verspätung anderer Menschen ärgere ich mich.

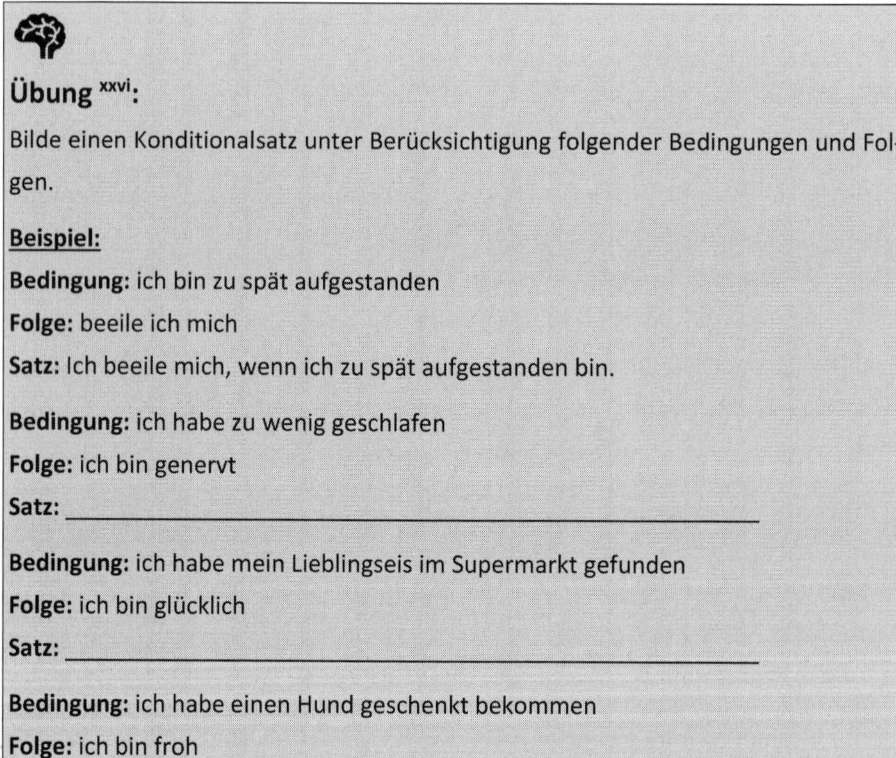

Übung [xxvi]:

Bilde einen Konditionalsatz unter Berücksichtigung folgender Bedingungen und Folgen.

Beispiel:

Bedingung: ich bin zu spät aufgestanden

Folge: beeile ich mich

Satz: Ich beeile mich, wenn ich zu spät aufgestanden bin.

Bedingung: ich habe zu wenig geschlafen

Folge: ich bin genervt

Satz: ____

Bedingung: ich habe mein Lieblingseis im Supermarkt gefunden

Folge: ich bin glücklich

Satz: ____

Bedingung: ich habe einen Hund geschenkt bekommen

Folge: ich bin froh

Satz: ____

Zeichensetzung

Wir brauchen Satzzeichen, um einen Satz oder eine Aussage auch richtig verstehen zu können. Zu den Satzzeichen gehören Kommata, der Punkt, das Fragezeichen, aber auch das Ausrufezeichen.

Welche Satzzeichen gibt es eigentlich alles?

- Das Fragezeichen (?) für Fragen.
- Das Ausrufezeichen (!) für Befehle oder für Aussagen mit besonderer Betonung.
- Den Punkt (.) um einen Satz von einem anderen abzugrenzen.
- Das Komma (,) um einen Satzteil von einem anderen abzugrenzen.

Definition: Zeichensetzung

Unter der Zeichensetzung versteht man die Verwendung von Zeichen, wie das Komma oder der Punkt. Die Verwendung erfolgt unter der Beachtung und Einhaltung von Regeln.

Dieses Kapitel soll dir näherbringen, wann genau du ein Komma, ein Punkt, ein Fragezeichen oder ein Ausrufezeichen setzt und worauf du hierbei achten solltest.

PUNKTSETZUNG

Zu den wichtigsten Gliederungszeichen innerhalb eines Satzes zählt der Punkt. Ein Punkt wird immer nach einem Satz gesetzt. Er dient dazu, die einzelnen Sätze voneinander abzugrenzen. Zudem markiert er das Ende eines Satzes. Darüber hinaus signalisiert ein Punkt dem Leser, wann er seine Stimme senken muss (sofern der Text gesprochen wird) und wann ein neuer Satz beginnt. Würden keine Punkte am Ende eines Satzes gesetzt werden, so wäre es total mühevoll, einen Text zu lesen oder gar zu verstehen. Punkte grenzen also verschiedene Angaben voneinander ab.

Beispiel:

Welchen der beiden Sätze findest du einfacher zu lesen?

1. Heute bin ich nach der Schule zu meiner Freundin nach Hause gegangen wir teilen die gleichen Interessen, weswegen ich sehr gerne mit ihr spiele

2. Heute bin ich nach der Schule zu meiner Freundin nach Hause gegangen. Wir teilen die gleichen Interessen, weswegen ich sehr gerne mit ihr spiele.

Der zweite ist einfacher zu lesen, oder? Das liegt daran, dass genau erkennbar ist, wann der eine Satz aufhört und der neue anfängt. Zudem erleichtert es auch das Vorlesen. Du kannst bei dem zweiten Satz genau erkennen, wann du eine Pause machen musst und wann noch etwas folgt.

Aber wann setzen wir einen Punkt?

Einen Punkt setzen wir immer am Ende eines Satzes, sprich, wenn wir eine Aussage getroffen haben und im Anschluss eine neue Aussage treffen möchten. Wir können aber auch drei Punkte setzen, wenn wir eine Aussage unvollständig lassen möchten und den Satz somit nicht beenden wollen.

Beispiel:

Ja, ich weiß …

Ein Punkt kann auch nach einzelnen Wörtern gesetzt werden. Die Voraussetzung hierfür ist aber, dass nicht nur derjenige, der den Text schreibt und somit den Punkt setzt, weiß, was gemeint ist und welchen Sinn der Punkt hat, sondern dass der Lesende diesen Sinn auch verstehen kann.

Beispiel:

Danke.

Wir können einen Punkt auch nach Aufforderungen setzen, zum Beispiel, wenn wir jemanden ermahnen möchten.

Beispiel:

Jetzt sei doch mal leise.

Kurz zusammengefasst:

- Einen Punkt setzen wir nach einem Satz.
- Drei Punkte setzen wir, wenn wir einen Satz unvollständig lassen möchten.
- Einen Punkt können wir auch nach einer Aufforderung setzen.
- Einen Punkt können wir auch nach nur einem Wort setzen. Hierfür gilt es aber, zu beachten, dass die lesende Person auch auf Anhieb verstehen kann, warum der Punkt gesetzt wurde.

Übung [xxvii]:

In dem folgenden Text wurden keine Punkte gesetzt. Probiere, Punkte nach den einzelnen Sätzen zu setzen.

Immer, wenn es warm ist, möchte ich ein Eis essen am liebsten esse ich Schokoladeneis im Winter mag ich am liebsten Tee, Früchtetee genauer gesagt es gibt für mich nichts Schöneres im Winter, als sich bei einer warmen Tasse Tee aufzuwärmen

KOMMASETZUNG

Genauso wichtig wie die Punktsetzung ist auch die Kommasetzung. Vielleicht bist du dir mit der Setzung von Kommata noch etwas unsicher und weißt nicht recht, wann genau du ein Komma setzen musst. Dieses Kapitel soll dir zeigen, wann du ein Komma setzt und wofür Kommata überhaupt gut sind. Durch die Übung kannst du die Kommasetzung direkt trainieren und anwenden.

Innerhalb eines Satzes dienen Kommata dazu, aneinandergereihte Wörter und Wortgruppen, die nicht durch entsprechende Konjunktionen, wie beispielsweise „und", „oder" oder „sowie", verbunden sind, voneinander abzutrennen. Zudem trennen sie Sätze voneinander ab (zwei Hauptsätze oder einen Hauptsatz vom Nebensatz).

Kommata können innerhalb eines Satzes aber auch einzelne Wörter voneinander abgrenzen, wie beispielsweise bei einer Einkaufsliste, sprich einer Aufzählung.

Wofür brauchen wir im Deutschen überhaupt Kommata?

Beispiel:
Ein beliebtes Beispiel, um aufzuzeigen, warum wir im Deutschen überhaupt Kommata brauchen, ist folgender Satz:

„Komm wir essen Opa."
„Komm wir essen, Opa."

Worin liegt nun genau der Unterschied zwischen diesen beiden Sätzen?

Der erste Satz sagt quasi aus, dass der Opa gegessen wird, wohingegen sich der zweite Satz an den Opa richtet, dem über das Essen Bescheid gegeben wird. Es ist also ein gewaltiger Unterschied zwischen dem Essen des Opas und der Aufforderung zum Essen an den Opa. Kommata können also die Bedeutung eines Satzes komplett verändern.

Aber wann wird ein Komma gesetzt?

Ein Komma setzen wir beispielsweise bei Aufzählungen, also immer dann, wenn wir verschiedene Dinge in einem Satz aufzählen.

Beispiel:
Ich muss im Supermarkt noch Eier, Butter, Mehl, Zucker und Milch besorgen.

Die einzelnen Lebensmittel werden also aneinandergereiht und mit Kommata voneinander abgetrennt.

Ein Komma wird aber auch nach einer Datums- und Ortsanzeige gesetzt. Dies ist vor allem für Briefe oder Bewerbungen wichtig.

Beispiel:
Köln, den 10.08.2020

Aber auch nach einer persönlichen Anrede wird ein Komma gesetzt. Dies ist vor allem bei E-Mails und Briefen wichtig.

Beispiel:
„Lieber Herr ...," oder „Sehr geehrte Frau ...,"

Aber auch bei Appositionen müssen Kommata gesetzt werden.

Vielleicht fragst du dich gerade: Was sind Appositionen?

Definition: Appositionen

Appositionen sind Nomen, die ein anderes Nomen näher beschreiben. Du kannst sie daran erkennen, dass sie immer direkt neben ihrem Bezugswort stehen.

Sie stehen immer in dem gleichen Fall wie ihr Bezugswort. Das bedeutet: Steht das Nomen im Akkusativ, so muss die Apposition ebenfalls im Akkusativ stehen. Es ist also nicht möglich, dass das Nomen im Akkusativ steht und die Apposition beispielsweise im Dativ.

Bei der Apposition gilt es, besonders auf die Kommasetzung zu achten. Steht die Apposition in der Mitte des Satzes, wird sie durch Kommata von dem Rest des Satzes abgetrennt. Das bedeutet, dass du ein Komma vor der Apposition und nach der Apposition setzen musst.

Beispiel:

Lara, meine Freundin, hat zwei Kaninchen.

Steht die Apposition am Ende eines Satzes, so wird sie mit einem Komma von dem Hauptsatz getrennt.

Beispiel:

Ich kaufe mir heute ein neues Kleidungsstück, eine Jeans.

Es wird jedoch kein Komma gesetzt, wenn die Apposition zum Namen gehört.

Beispiel:

Karl der Große war König des Fränkischen Reichs.

Übung 1 [xxviii]:

Setze die Kommata bei den folgenden Appositionen in den unten aufgeführten Beispielen richtig:

Lina meine große Schwester ist Klassenbeste.

Ich kaufe mir heute ein Eis mit Himbeeren.

Ich habe heute mit Frau Schulz meiner Klassenlehrerin über meine mündliche Mitarbeit gesprochen.

Bello mein Hund hat den Stock gefangen.

Mein Hund Bello hat ein neues Spielzeug den Knochen.

Neben den Appositionen können auch Nebensätze beispielsweise in einen Hauptsatz eingeschoben werden. Auch diese Einschübe werden mithilfe von Kommata von dem Hauptsatz getrennt.

Würden die Kommata fehlen, würde es den Lesefluss erschweren und gegebenenfalls könnten Aussagen von dem Leser falsch verstanden werden.

Ein Beispiel für einen Einschub:

Ich fuhr mit einem Auto, welches blau und groß war, meine Eltern besuchen.

Die Information, dass das Auto blau und groß ist, wird in den restlichen Satz eingeschoben. Der Satz würde aber auch ohne diesen Einschub und damit die zusätzliche Information funktionieren und einen Sinn ergeben. Der Satz würde dann heißen: „Ich fuhr mit einem Auto meine Eltern besuchen."

Einschübe kannst du also gut daran erkennen, dass sie den Satz mit zusätzlichen Informationen ergänzen, der Satz aber trotzdem noch einen Sinn ergibt, wenn die Informationen weggelassen werden würden.

Übung 2 [xxix]:

Versuche, die Kommata in den folgenden Sätzen zu ergänzen.

Ich war gestern mit meiner Mutter und Stefan ihrem Freund in der Stadt. Dort haben wir in einem Restaurant welches gut besucht war eine Pizza gegessen. Die Pizza welche mit Salami Käse Pilzen und Mais belegt war war total lecker.

SONDERZEICHEN

Im Deutschen haben wir Sonderzeichen, auf die wir zurückgreifen können, um beispielsweise eine Aussage als Frage wirken zu lassen – oder als Ausruf.

Definition: Sonderzeichen

Sonderzeichen sind graphische Zeichen beziehungsweise Symbole, die aber nicht zu den Buchstaben oder zu den Zahlen gehören. Wir unterscheiden zwischen den orthografischen Satzzeichen (wie beispielsweise Kommata, Punkte und Fragezeichen) und den diakritischen Zeichen, wie beispielsweise die Akzente auf einem Buchstaben.

Zu den Sonderzeichen beziehungsweise zu den orthographischen Satzzeichen gehören:

- Anführungszeichen („“) vor einer wörtlichen Rede
- Auslassungspunkte (...)
- Fragezeichen (?)
- Ausrufezeichen (!)
- Komma (,)
- Punkt (.)
- Bindestrich (-)
- Eckige Klammern ([ ])
- Schrägstrich (/)
- Semikolon (;)
- Doppelpunkt (:)

Im Folgenden sollen dir die wichtigsten Sonderzeichen des Deutschen nähergebracht werden:

Das Fragezeichen

Das Fragezeichen wird verwendet, um Fragen auszudrücken. Hierbei können sich die Fragen an eine bestimmte Person richten und dazu dienen, dass auf sie auch wirklich geantwortet wird, wie beispielsweise in einem Brief, einer WhatsApp oder einer E-Mail. Sie können aber auch rhetorisch gemeint sein. Die rhetorische Frage zielt darauf ab, dass auf die Frage keine Antwort erwartet wird. Sie zählt somit nur als ein Stilmittel. Stilmittel sorgen dafür, dass ein Text auf den Leser schöner wirkt. Sie machen ihn quasi schöner.

Wenn du ein Text vorliest, hebst du automatisch deine Stimme bei einem Fragezeichen am Ende des Satzes an. Die schriftliche Frage wird also auch in der ausgesprochenen Sprache als eine Frage erkennbar.

Fragezeichen stehen immer am Satzende.

An Fragewörtern kannst du eine Frage erkennen. Sie haben den Sinn, dass auf sie geantwortet wird. So liefert das Fragewort „Warum?“ einen Grund für einen Sachverhalt.

Beispiel:

Warum hast du mir das nicht gesagt?

Das Fragewort „Warum“ gibt bereits an, dass am Ende ein Fragezeichen folgt und die Frage eine Antwort des Gesprächspartners erwartet.

Das Ausrufezeichen

Das Ausrufezeichen wird verwendet, um der eigenen Aussage Nachdruck zu verleihen.

Aber wann kommt es konkret zum Einsatz?

Ein Ausrufezeichen wird bei Befehlen, Ausrufen oder Aufforderungen verwendet. Auch bei eindringlichen Wünschen kann auf ein Ausrufezeichen zurückgegriffen werden. Aber auch bei Ausrufewörtern kannst du ein Ausrufezeichen setzen.

Beispiel:

Bis gleich!

Ich freue mich!

Bei Ausrufezeichen ist aber auch wichtig, dass zwei oder drei Ausrufezeichen die Wirkung des Satzes deutlich beeinflussen können. Der Satz kann zum Beispiel deutlich gereizter klingen als mit nur einem Ausrufezeichen. Deshalb sollten sie nur einzeln verwendet werden.

Zur Verdeutlichung: Die Aufforderung „Mach den Abwasch!" lässt einen Ton erahnen, der keine Widerworte duldet. Bei „Mach den Abwasch!!!" lässt sich erkennen, dass gar keine andere Wahl mehr besteht, als jetzt sofort den Abwasch zu machen.
Anders hingegen wirkt die Aussage: „Mach bitte den Abwasch."

Das Semikolon

Das Semikolon erhielt seinen Namen aus dem Griechischen und bezeichnet den Strichpunkt, also: **;** In gewisser Weise steht das Semikolon zwischen einem Komma und einem Punkt, daher auch der Name „Strichpunkt".

Aber wann wird ein Semikolon benutzt?

Grundsätzlich wird ein Semikolon benutzt, wenn der Teil eines Satzes für ein Punkt zu schwach, aber für ein Komma zu stark ist, man könnte also sagen, wenn man sich nicht entscheiden kann, was von den beiden Optionen besser passt. Ein Semikolon kann also verwendet werden, um zwei Hauptsätze voneinander zu trennen. Es zeigt somit an, dass sie nicht wirklich zusammengehören, aber trotzdem in Verbindung miteinander stehen.

Beispiel:

Ich habe eine Arbeit geschrieben; die ist mit einer Eins benotet worden.

Es könnte in diesem Beispiel ein Punkt, aber auch ein Komma gesetzt werden. Aus diesem Grund wurde sich aber auch für ein Semikolon entschieden. Die Trennung von zwei Hauptsätzen durch ein Semikolon wird oft in Arbeiten, wie beispielsweise für die Uni oder für das Abitur, verwendet. Viel wichtiger ist aber, dass ein Semikolon auch einzelne Wörter voneinander trennen kann und nicht nur ganze Sätze. So kann es beispielsweise Aufzählungsglieder voneinander abtrennen.

Beispiel:

Ich war heute im Zoo. Dort habe ich Eisbären und Braunbären; Gorillas, Schimpansen und andere Affen gesehen.

Das Semikolon trennt hier klar die einzelnen verschiedenen Tierarten voneinander ab.

Merke:

Wenn du ein Semikolon benutzt, so muss nach dem Semikolon klein weitergeschrieben werden.

Übung xxx:

Setze in dem folgenden kurzen Text die Sonderzeichen:

Gestern war ich mit meiner Familie im Zoo. In der Schule behandeln wir gerade die einzelnen Tierarten, weswegen der Zoobesuch perfekt gepasst hat. Welche Tiere halten eigentlich Winterschlaf habe ich mich gefragt und warum tun sie das

Im Zoo angekommen haben wir ganz viele Tiere sehen können zum Beispiel Otter, Pinguine, Fische Giraffen, Bären, Elefanten aber auch Flamingos.

Sei bloß ruhig habe ich mich selbst ermahnt, um die einzelnen Tiere nicht zu erschrecken.

5-Minuten-Diktate

In diesem Kapitel findest du ein paar Diktate, die du innerhalb von 5 Minuten lösen kannst. Diese kannst du verwenden, wenn du Diktate üben möchtest. Beachte, dass du das Diktat nicht dort hinlegst, wo du es bearbeiten möchtest, sondern dass du es an einem Ort platzierst, wo du hinlaufen musst, beispielsweise auf eine Kommode, die nicht direkt neben deinem Schreibtisch steht. So kommst du nicht in die Versuchung, abzuschreiben. Das Ziel sollte sein, dass du kurz aufstehen und dort hinlaufen musst, um dir einen Satz oder ein Wort einzuprägen.

Oder...

...du nutzt QR-Codes

Dieses Buch bietet dir eine besondere Methode an, selbstständig und auch ganz autonom zu lernen. Mithilfe der QR-Codes, die neben jedem Diktat zu finden sind, erhältst du eine Möglichkeit, dir jedes Diktat vorlesen zu lassen, sodass du hier ganz einfach mitschreiben kannst. Scanne dazu einfach den QR-Code mit einem Smartphone – mithilfe der Kamera – und dann kannst du auch schon loslegen!

Info: Über Dropbox-App ODER auch die Webseite möglich (Option wird **nach Scan** ganz unten angezeigt, es ist kein Abonnement oder eine App-Installierung nötig).

Schwierigkeitsstufe: leicht

Der erste Schultag

bit.ly/3x0hsLw
Link oder QR-Code zum Audio-Diktat

Die Schule beginnt jedes Jahr im Herbst. Für Erstklässler bedeutet das eine völlig neue Welt: neue Freunde, neue Gewohnheiten, neue Kenntnisse. Zu Beginn der ersten Stunde begrüßt Frau Müller die kleinen Schüler herzlich. Dann beginnt der Unterricht. Das Alphabet und die Zahlen kennen die Kinder von früher. Jetzt müssen sie noch das Schreiben und das Kopfrechnen lernen.

Wortanzahl: 60

Der Osterhase

bit.ly/3Q3vFPx
Link oder QR-Code zum Audio-Diktat

Jedes Jahr zu Ostern bekommen wir lieben Besuch vom Osterhasen. Er bemalt Ostereier mit bunten Farben und versteckt sie gut in unserem Garten. Am Ostersonntag begeben wir uns dann auf die Suche nach den Eiern. Dabei sind wir jedes Mal erstaunt, denn statt Ostereier finden wir immer Schokoeier im Gras. Den Osterhasen haben wir aber bis heute nie gesehen.

Wortanzahl: 62

Das magische Klassenzimmer

bit.ly/3PO7Rip
Link oder QR-Code zum Audio-Diktat

Ich liebe mein Klassenzimmer. Hier habe ich jeden Tag viel Spaß. In diesem Klassenzimmer habe ich meine Lieblingsmärchenfiguren zum ersten Mal kennengelernt. Während der Schulpause gehe ich mit meinen Mitschülern auf den Schulhof. Wenn die Schulklingel läutet, gehen wir zum Klassenzimmer zurück. Jetzt ist es Zeit für Kunst, das Lieblingsfach jedes Kindes. Mit Farben und Formen träumen wir in den Tag hinein.

Wortanzahl: 65

Die Kuckucksuhr

bit.ly/3PWOjbJ
Link oder QR-Code zum Audio-Diktat

An der Wand in unserem Wohnzimmer hängt eine kleine Kuckucksuhr. Diese hat mir mein Vater von seinem letzten Urlaub im Schwarzwald mitgebracht. Immer, wenn ich auf diese Uhr gucke, stelle ich mir vor, wie es eigentlich wäre, einmal dort hinzufahren. Ich habe von meinem Vater gehört, dass die Schwarzwälder Kirschtorte die leckerste von allen sein soll. Eines Tages muss ich mich selbst davon überzeugen.

Wortanzahl: 66

Schüler und Hausaufgaben

bit.ly/3NlZhWc
Link oder QR-Code zum Audio-Diktat

Die meisten Schulkinder mögen keine Hausaufgaben. Für sie ist das Schreiben davon nichts mehr als reine Zeitverschwendung. Wenn es aber auf einmal keine Hausaufgaben mehr geben würde, würde dadurch viel verloren gehen. Denn eigentlich dient das Hausaufgabenmachen dem Festigen und Üben von bereits Gelerntem. Insofern sind Hausaufgaben als ein wichtiger Teil des Lernprozesses zu verstehen. Also sind Hausaufgaben nichts Lästiges, sondern etwas ganz Tolles!

Wortanzahl: 67

Mein Fahrrad und ich

bit.ly/3z895Pp
Link oder QR-Code zum Audio-Diktat

Mein Lieblingshobby ist das Radfahren. Täglich fahre ich mit meinem Fahrrad zur Schule. Nach einer langen Woche voller Lernen freue ich mich immer auf das Wochenende. Ich treffe mich dann mit meinen Freunden zum Picknicken auf der Wiese vor unserem Haus. Wir unterhalten uns oft über das Leben als Drittklässler und unsere Träume. Wenn all das vorbei ist, wartet mein Fahrrad am Montagmorgen wieder auf mich.

Wortanzahl: 70

Die innere Welt der Emotionen

bit.ly/38UMJ9H
Link oder QR-Code zum Audio-Diktat

Emotionen sind etwas Kompliziertes. Ich kann einfach nicht verstehen, wie es möglich sein könnte, so viele verschiedene Gefühle an einem Tag zu verspüren. Heute war ich den ganzen Morgen verstimmt. Also habe ich die Badewanne mit Wasser gefüllt und mich für eine Weile hineingelegt. Gegen Mittag war ich dann von Hochstimmung erfüllt. Schließlich kam am Abend die Apathie. Emotional sein hat eben seine Höhen und Tiefen.

Wortanzahl: 71

Schwierigkeitsstufe: mittel

Die tollste Jahreszeit

bit.ly/3zbfhWR
Link oder QR-Code zum Audio-Diktat

Weihnachten ist das Lieblingsfest aller Kinder. Dann gibt es erst einmal eine lange Pause von der Schule, in der sich die Kinder ein bisschen ausruhen können: Heiße Schokolade vor dem Kamin trinken, Schneemänner bauen, Schlitten fahren, wie kann man all dem widerstehen? In der Nacht vor Weihnachten kommt dann der Weihnachtsmann und bringt Geschenke für die braven Kinder. Für die Bescherung wird er von den Kindern reichlich belohnt: mit leckeren Keksen und Milch. Darüber freut er sich sehr und besucht sie nächstes Jahr wieder.

Wortanzahl: 87

Zwei beste Freundinnen

bit.ly/3tad0r7
Link oder QR-Code zum Audio-Diktat

Maria und Sarah sind seit der ersten Klasse beste Freundinnen. Maria ist schüchtern und zurückhaltend, während Sarah mutig und aufgeschlossen ist. Deswegen muss die eine die andere immer dazu überreden, aus ihrer Komfortzone auszubrechen und neue Menschen kennenzulernen. Obwohl Sarah die Selbstbewusstere von den beiden ist, ist sie häufig auf die guten Ratschläge von Maria angewiesen. Eine Freundschaft funktioniert nämlich nur dann gut, wenn man sich gegenseitig hilft.

Wortanzahl: 71

Unsere Straße

bit.ly/3GGwQ2X
Link oder QR-Code zum Audio-Diktat

Ich wohne in der Friedrichstraße in Berlin. Von unserer Terrasse aus kann ich die ganze Stadt sehen. Im ersten Stock unseres Hauses wohnt die beste Freundin meiner Mutter. Immer, wenn ich ihr draußen begegne, begrüße ich sie herzlich. An kalten Wintertagen trinken wir heißen Tee zusammen. Ich liebe unsere große belebte Straße und kann mir nicht vorstellen, irgendwo anders zu leben. Denn es ist wahr: Die Menschen machen den Ort und nicht umgekehrt!

Wortanzahl: 75

Die kleine Ballerina

bit.ly/3NQWILF
Link oder QR-Code zum Audio-Diktat

Ballett ist meine größte Leidenschaft. Ich tanze, seitdem ich laufen kann. Ich und meine Schwester besuchen seit der dritten Klasse die Ballettschule in unserem kleinen Dorf. Meine Ballettlehrerin hat zu uns damals gesagt: „Ihr seid ja wirklich großartig. Ihr werdet bestimmt eines Tages berühmt." Nun hat sich unser Traum endlich verwirklicht: Wir sind schon seit fünf Jahren bei der Deutschen Oper in Berlin. All dies verdanken wir unserer lieben Ballettlehrerin, die immer an uns geglaubt hat.

Wortanzahl: 79

Mein letzter Urlaub

bit.ly/3x8JLrp
Link oder QR-Code zum Audio-Diktat

Letztes Jahr bin ich mit meiner Familie nach Sizilien geflogen. Dort haben wir zwei Wochen in einer Villa am Meer verbracht. Wir sind jeden Tag an den Strand gegangen, wo wir ganze Nachmittage lang gebadet haben. Dort schien die Sonne von morgens bis abends und das Wetter war immer sehr mild. Also hatten wir die perfekte Möglichkeit, viele Sehenswürdigkeiten zu besuchen. Am meisten hat mir die berühmte Kathedrale in Palermo gefallen. Hoffentlich kommen wir nächstes Mal wieder hierher.

Wortanzahl: 81

Eine gute Note

bit.ly/3M9Ddgq
Link oder QR-Code zum Audio-Diktat

Eigentlich war ich nie wirklich gut in Mathematik. Noch damals in der ersten Klasse habe ich meine Mathematikhausaufgaben nur widerwillig gemacht. Einige Jahre später bekam ich eine nette Nachhilfelehrerin, die mir geholfen hat, meine Leidenschaft für Mathematik zu entdecken. Rechnen kann Spaß machen, auch wenn man das nicht glauben mag. Ich kann mich immer noch an meine erste Eins in Mathematik erinnern. Ich habe zwei Wochen für die Klassenarbeit gelernt. Und ich habe meine Antworten immer wieder überprüft. Schließlich habe ich wider Erwarten die beste Note in der Klasse bekommen.

Wortanzahl: 93

Liebe Frau Dietrich,

bit.ly/3m84tkK
Link oder QR-Code zum Audio-Diktat

ich wollte Sie vor der Klassenarbeit am Donnerstag gerne fragen, welches Wörterbuch Sie uns für die Schreibaufgaben empfehlen würden. Ich besitze persönlich sowohl ein Standard- als auch ein Taschenwörterbuch und frage mich nun, welches ich für die Klassenarbeit mitnehmen sollte. Außerdem würde ich gerne wissen, nach welchem System Sie die Arbeiten bewerten werden und ob es da vielleicht auch Aufgaben geben wird, die mehr Punkte bringen. Danke im Voraus für Ihre Rückmeldung!

Mit freundlichen Grüßen

Leonhard Frey

Wortanzahl: 80

Wohin soll es als Nächstes gehen?

bit.ly/3m9l0Vq
Link oder QR-Code zum Audio-Diktat

Reisen ist mein Lieblingshobby. Seit meinem achtzehnten Geburtstag bin ich jedes Jahr für mindestens drei Monate unterwegs. Ich war schon fast überall auf der Welt: in Südamerika, Afrika und Australien. Für nächsten Monat plane ich eine größere Reise, aber wo sie entlanggehen sollte, weiß ich noch nicht so genau. Ich weiß nur, dass es mich diesmal eher in den Norden zieht. Vielleicht fliege ich einfach mal nach Norwegen oder England. Oder ich könnte ganz entspannt mit der Bahn in ein nahe gelegenes Nachbarland fahren. Eines ist sicher: Meine nächste Reise wird großartig!

Wortanzahl: 90

...heißt üben, üben, üben!

Du hast es geschafft! Hinter dir liegen einige Seiten mit den wichtigsten Regeln der deutschen Rechtschreibung. Mithilfe von Übungen, Tipps und Erläuterungen konntest du dich durch die Besonderheiten der deutschen Sprache kämpfen und dein Wissen erweitern. Zudem kannst du verschiedene Regeln und Merksätze mithilfe dieses Buches immer wieder nachschlagen, solltest du sie einmal vergessen haben. Nutze dieses Buch, um immer mal wieder deine Rechtschreibung zu trainieren und die einzelnen Themen nachzuschlagen, bei denen du dir vielleicht nicht mehr ganz sicher bist. Wiederhole von Zeit zu Zeit noch einmal ein paar Übungen, um im Thema zu bleiben und das Gelernte nicht zu vergessen.

Ansonsten hast du nun einen großen Überblick über die Rechtschreibung der deutschen Sprache. Es kann also nichts mehr schiefgehen. Im Nachgang findest du nun noch etwas Bonusmaterial, mit dem du deine Rechtschreibung intensiv trainieren kannst. Wie du hierbei vorgehst, erfährst du in den Erläuterungen des Kapitels.

Bonus: Der 21-Tage-Rechtschreib-Schnelllern-Kurs

In 21 Tagen kannst du deine Rechtschreibung deutlich verbessern. Dieses Kapitel soll dir dabei helfen. Für jeden Tag ist ein spezielles Thema vorgesehen. Das Tagebuch soll dir helfen, deine Fehler zu bemerken, und dafür sorgen, dass dir diese Fehler nicht mehr passieren. Du kannst diese Aufgaben so oft wiederholen, wie du magst. In der folgenden To-do-Liste kannst du abhaken, welche Themen du bereits kannst oder schon geübt hast.

Thema	**Erledigt**
Groß-und Kleinschreibung	
Dehnungs-h	
Lange und kurze Vokale	
Substantivierte Verben	
Doppelte Konsonanten	
Wider/wieder	
Zusammen-/Getrenntschreibung	
Fremdwörter	
Hauptsätze	
Nebensätze	
Eingeschobene Nebensätze	
Satzgefüge	
Briefe und E-Mails	
Adjektive	
Nomen	
Adverbien	
Fragezeichen und Ausrufezeichen	
Punktsetzung	
Kommasetzung	
Sonderzeichen	
Reflexion (Was kann ich jetzt besser? Wo muss ich noch üben?)	

Tag 1: Groß- und Kleinschreibung

Selbstreflexion: Worin liegen deine Schwierigkeiten? Wo machst du die meisten Fehler?

Nimm dir nun die Aufgaben zur Hand und versuche, diese gewissenhaft zu lösen. Die Erläuterungen und Tipps können weitere Unsicherheiten lösen.

Erneute Selbstreflexion: Was klappt schon besser?

Fasse nun in eigenen Worten zusammen: Worauf musst du achten?

Tag 2: Dehnungs-h

Selbstreflexion: Worin liegen deine Schwierigkeiten? Wo machst du die meisten Fehler?

___

___

___

___

Nimm dir nun die Aufgaben zur Hand und versuche, diese gewissenhaft zu lösen. Die Erläuterungen und Tipps können weitere Unsicherheiten lösen.

Erneute Selbstreflexion: Was klappt schon besser?

___

___

___

___

Fasse nun in eigenen Worten zusammen: Worauf musst du achten?

___

___

___

Tag 3: Lange und kurze Vokale

Selbstreflexion: Worin liegen deine Schwierigkeiten? Wo machst du die meisten Fehler?

Nimm dir nun die Aufgaben zur Hand und versuche, diese gewissenhaft zu lösen. Die Erläuterungen und Tipps können weitere Unsicherheiten lösen.

Erneute Selbstreflexion: Was klappt schon besser?

Fasse nun in eigenen Worten zusammen: Worauf musst du achten?

Tag 4: Substantivierte Verben

Selbstreflexion: Worin liegen deine Schwierigkeiten? Wo machst du die meisten Fehler?

___

___

___

___

Nimm dir nun die Aufgaben zur Hand und versuche, diese gewissenhaft zu lösen. Die Erläuterungen und Tipps können weitere Unsicherheiten lösen.

Erneute Selbstreflexion: Was klappt schon besser?

___

___

___

___

Fasse nun in eigenen Worten zusammen: Worauf musst du achten?

___

___

___

Tag 5: Doppelte Konsonanten

Selbstreflexion: Worin liegen deine Schwierigkeiten? Wo machst du die meisten Fehler?

Nimm dir nun die Aufgaben zur Hand und versuche, diese gewissenhaft zu lösen. Die Erläuterungen und Tipps können weitere Unsicherheiten lösen.

Erneute Selbstreflexion: Was klappt schon besser?

Fasse nun in eigenen Worten zusammen: Worauf musst du achten?

Tag 6: Wider/Wieder

Selbstreflexion: Worin liegen deine Schwierigkeiten? Wo machst du die meisten Fehler?

____

____

____

____

Nimm dir nun die Aufgaben zur Hand und versuche, diese gewissenhaft zu lösen. Die Erläuterungen und Tipps können weitere Unsicherheiten lösen.

Erneute Selbstreflexion: Was klappt schon besser?

____

____

____

____

Fasse nun in eigenen Worten zusammen: Worauf musst du achten?

____

____

____

Tag 7: Zusammen-/Getrenntschreibung

Selbstreflexion: Worin liegen deine Schwierigkeiten? Wo machst du die meisten Fehler?

Nimm dir nun die Aufgaben zur Hand und versuche, diese gewissenhaft zu lösen. Die Erläuterungen und Tipps können weitere Unsicherheiten lösen.

Erneute Selbstreflexion: Was klappt schon besser?

Fasse nun in eigenen Worten zusammen: Worauf musst du achten?

Tag 8: Fremdwörter

Selbstreflexion: Worin liegen deine Schwierigkeiten? Wo machst du die meisten Fehler?

Nimm dir nun die Aufgaben zur Hand und versuche, diese gewissenhaft zu lösen. Die Erläuterungen und Tipps können weitere Unsicherheiten lösen.

Erneute Selbstreflexion: Was klappt schon besser?

Fasse nun in eigenen Worten zusammen: Worauf musst du achten?

Tag 9: Hauptsätze

Selbstreflexion: Worin liegen deine Schwierigkeiten? Wo machst du die meisten Fehler?

Nimm dir nun die Aufgaben zur Hand und versuche, diese gewissenhaft zu lösen. Die Erläuterungen und Tipps können weitere Unsicherheiten lösen.

Erneute Selbstreflexion: Was klappt schon besser?

Fasse nun in eigenen Worten zusammen: Worauf musst du achten?

Tag 10: Nebensätze

Selbstreflexion: Worin liegen deine Schwierigkeiten? Wo machst du die meisten Fehler?

Nimm dir nun die Aufgaben zur Hand und versuche, diese gewissenhaft zu lösen. Die Erläuterungen und Tipps können weitere Unsicherheiten lösen.

Erneute Selbstreflexion: Was klappt schon besser?

Fasse nun in eigenen Worten zusammen: Worauf musst du achten?

Tag 11: Eingeschobene Nebensätze

Selbstreflexion: Worin liegen deine Schwierigkeiten? Wo machst du die meisten Fehler?

Nimm dir nun die Aufgaben zur Hand und versuche, diese gewissenhaft zu lösen. Die Erläuterungen und Tipps können weitere Unsicherheiten lösen.

Erneute Selbstreflexion: Was klappt schon besser?

Fasse nun in eigenen Worten zusammen: Worauf musst du achten?

Tag 12: Satzgefüge

Selbstreflexion: Worin liegen deine Schwierigkeiten? Wo machst du die meisten Fehler?

Nimm dir nun die Aufgaben zur Hand und versuche, diese gewissenhaft zu lösen. Die Erläuterungen und Tipps können weitere Unsicherheiten lösen.

Erneute Selbstreflexion: Was klappt schon besser?

Fasse nun in eigenen Worten zusammen: Worauf musst du achten?

Tag 13: Briefe und E-Mails

Selbstreflexion: Worin liegen deine Schwierigkeiten? Wo machst du die meisten Fehler?

Nimm dir nun die Aufgaben zur Hand und versuche, diese gewissenhaft zu lösen. Die Erläuterungen und Tipps können weitere Unsicherheiten lösen.

Erneute Selbstreflexion: Was klappt schon besser?

Fasse nun in eigenen Worten zusammen: Worauf musst du achten?

Tag 14: Adjektive

Selbstreflexion: Worin liegen deine Schwierigkeiten? Wo machst du die meisten Fehler?

Nimm dir nun die Aufgaben zur Hand und versuche, diese gewissenhaft zu lösen. Die Erläuterungen und Tipps können weitere Unsicherheiten lösen.

Erneute Selbstreflexion: Was klappt schon besser?

Fasse nun in eigenen Worten zusammen: Worauf musst du achten?

Tag 15: Nomen

Selbstreflexion: Worin liegen deine Schwierigkeiten? Wo machst du die meisten Fehler?

Nimm dir nun die Aufgaben zur Hand und versuche, diese gewissenhaft zu lösen. Die Erläuterungen und Tipps können weitere Unsicherheiten lösen.

Erneute Selbstreflexion: Was klappt schon besser?

Fasse nun in eigenen Worten zusammen: Worauf musst du achten?

Tag 16: Adverbien

Selbstreflexion: Worin liegen deine Schwierigkeiten? Wo machst du die meisten Fehler?

Nimm dir nun die Aufgaben zur Hand und versuche, diese gewissenhaft zu lösen. Die Erläuterungen und Tipps können weitere Unsicherheiten lösen.

Erneute Selbstreflexion: Was klappt schon besser?

Fasse nun in eigenen Worten zusammen: Worauf musst du achten?

Tag 17: Fragezeichen und Ausrufezeichen

Selbstreflexion: Worin liegen deine Schwierigkeiten? Wo machst du die meisten Fehler?

Nimm dir nun die Aufgaben zur Hand und versuche, diese gewissenhaft zu lösen. Die Erläuterungen und Tipps können weitere Unsicherheiten lösen.

Erneute Selbstreflexion: Was klappt schon besser?

Fasse nun in eigenen Worten zusammen: Worauf musst du achten?

Tag 18: Punktsetzung

Selbstreflexion: Worin liegen deine Schwierigkeiten? Wo machst du die meisten Fehler?

Nimm dir nun die Aufgaben zur Hand und versuche, diese gewissenhaft zu lösen. Die Erläuterungen und Tipps können weitere Unsicherheiten lösen.

Erneute Selbstreflexion: Was klappt schon besser?

Fasse nun in eigenen Worten zusammen: Worauf musst du achten?

Tag 19: Kommasetzung

Selbstreflexion: Worin liegen deine Schwierigkeiten? Wo machst du die meisten Fehler?

Nimm dir nun die Aufgaben zur Hand und versuche, diese gewissenhaft zu lösen. Die Erläuterungen und Tipps können weitere Unsicherheiten lösen.

Erneute Selbstreflexion: Was klappt schon besser?

Fasse nun in eigenen Worten zusammen: Worauf musst du achten?

Tag 20: Sonderzeichen

Selbstreflexion: Worin liegen deine Schwierigkeiten? Wo machst du die meisten Fehler?

Nimm dir nun die Aufgaben zur Hand und versuche, diese gewissenhaft zu lösen. Die Erläuterungen und Tipps können weitere Unsicherheiten lösen.

Erneute Selbstreflexion: Was klappt schon besser?

Fasse nun in eigenen Worten zusammen: Worauf musst du achten?

Tag 21: Selbstreflexion

Selbstreflexion: Worin liegen deine Schwierigkeiten? Wo machst du noch Fehler?

Erneute Selbstreflexion: Was kannst du gut?

Fasse nun in eigenen Worten zusammen: Worauf musst du achten?

Lösungen

[i] **Lösung zu Groß- und Kleinschreibung/ Übung 1:**

Ich fahre in den Urlaub.

Erklärung:

Das Pronomen „ich“ steht am Satzanfang und wird großgeschrieben. Auch „Urlaub“ ist ein Nomen und muss großgeschrieben werden.

Simone hat sich einen Hund gekauft.

Erklärung:

„Simone“ ist ein Name und muss großgeschrieben werden. Zudem steht der Name am Satzanfang. „Hund“ ist ebenfalls ein Nomen und muss großgeschrieben werden.

Der Hund von Simone heißt Keks.

Erklärung:

Der Artikel „der“ steht am Satzanfang und muss aus diesem Grund großgeschrieben werden. „Simone“ ist ein Name und wird aus diesem Grund großgeschrieben, genauso wie „Keks“, welcher der Name des Hundes ist.

[ii] **Lösung zu Groß- und Kleinschreibung / Übung 2:**

:

Heute gehe ich zum Fußball. Ich freue mich schon immer sehr auf das Training. Alle meine Freunde sind auch da. Ich finde es schön, dass wir die Leidenschaft zusammen teilen.

Erklärung:

Die Wörter „heute“, „ich“, „alle“ und noch einmal „ich“ stehen am Satzanfang. Aus diesem Grund werden sie automatisch großgeschrieben. „Fußball“, „Training“ und „Leidenschaft“ sind Nomen. Dies kannst du überprüfen, da der Satz ohne diese Nomen keinen Sinn ergeben würde. Sie sind also der Kopf des Satzes.

[iii] **Lösung zu Satzbeginn und Satzende:**

Ich bin mit meinen *Eltern* in den *Urlaub* geflogen. Wir sind früh aufgestanden, um rechtzeitig am *Flughafen* zu sein, aber es hat sich gelohnt. Ich bin gerne am *Meer*.

Erklärung:

Die Satzanfänge sind in dem Beispiel unterstrichen, die Nomen *kursiv*.

[iv] **Lösung zu Nomen:**

Gestern war ich im Zoo. Ich habe dort viele Tiere gesehen. Sie waren alle von einer unterschiedlichen Art und total vielseitig. Ich habe dort beispielsweise Elefanten, Giraffen, aber auch Affen gesehen. Aber am liebsten mag ich mein Pferd zuhause.

[v] **Lösung zu Adjektive:**

Ich habe im Wald viele bunte/vielseitige Blätter gesehen.

Diese Blätter hatten viele schöne/tolle Farben.

Ich habe sie mit nach Hause genommen, um sie in mein großes/kleines Bastelbuch zu kleben.

[vi] **Lösung zu Zahlwörter:**

Wenn ich in die Schule muss, stehe ich um sechs Uhr morgens auf. Im Anschluss putze ich mir im Badezimmer mit etwas Wasser und Zahnpasta die Zähne. Mein Zahnarzt hat mir erklärt, dass ich drei Minuten lang meine Zähne putzen muss und dies zweimal täglich.

Wenn ich meine Zähne fertig geputzt habe, gehe ich runter in die Küche. Hier wartet meine Mutter schon auf mich. Es ist erst ein paarmal vorgekommen, dass mir meine Mutter beim Frühstücken keine Gesellschaft leisten konnte.

Am liebsten esse ich Cornflakes, immer mit doppelt so viel Milch wie Cornflakes.

Mit dem Essen muss ich mich beeilen, sonst komme ich zu spät zur Schule.

vii Lösung zu Dehnungslaut H:

Meine Mama sagt mir immer, ich solle beim Essen ruhig auf meinem Stuhl sitzen. Dabei bewege ich mich so gerne. Sie droht mir dann immer, an meinem Ohr zu ziehen. Dabei weiß ich, dass sie das sowieso nie machen würde.

viii Lösung zu ss oder ß?:

Ich finde dieses Kleid echt hässlich.

Er spielt gerne Fußball.

Sie muss heute den ganzen Tag arbeiten.

Wie heißt du?

Bestell deiner Mutter einen netten Gruß.

Erklärung:

Das „ä" in dem Wort „hässlich" wird kurz ausgesprochen.

Um dir sicher zu sein, ob der Vokal kurz oder lang ausgesprochen wird, kannst du beide Varianten ausprobieren. Hierbei merkst du schnell, was sich für dich richtig anhört und was du eher sagen würdest.

So wird das „u" in „Fußball" lang ausgesprochen, genauso wie das „u" in „Gruß".

Als Vergleich für die Aussprache des „u" wird es in „muss" kurz ausgesprochen.

Bei „ei" handelt es sich um einen Diphthong. Somit muss das Wort „heißt" mit „ß" geschrieben werden.

[ix] Lösungen zu seid oder seit?:

Theresa geht **seit** längerer Zeit auf die Grundschule.

Erklärung:

Die Wörter „längerer Zeit“ sind eine zeitliche Angabe. Der Satz sagt also aus, dass eine Tätigkeit, nämlich der Gang auf die Grundschule, schon seit einem längeren Zeitraum geschieht.

Seit wann bist du so schlecht gelaunt?

Erklärung:

Die Frage bezieht sich auf einen Zeitraum, nämlich darauf, wie lange die Person schon schlecht gelaunt ist.

Seid ihr bitte ruhig?

Erklärung:

In diesem Satz lässt sich der Indikator „ihr“ für „seid“ finden. Es ist die konjugierte Form von „sein“.

Ihr **seid** heute aber motiviert.

Erklärung:

Auch hier findet sich „ihr“ wieder.

Ich habe das Gefühl, ihr **seid** vom richtigen Weg abgekommen.

Erklärung:

In diesem Satz wird eine Gruppe Menschen konkret mit der Form „ihr“ angesprochen. Zudem wird die konjugierte Form des Infinitivs „sein“ verwendet.

Ich denke **seit** Ewigkeiten darüber nach.

Erklärung:

In diesem Beispiel wird der Zeitraum beschrieben, in dem über etwas nachgedacht wird. Es wird also ein zeitlicher Rahmen beschrieben. Aus diesem Grund muss es „seit“ heißen.

[x] Lösung zu Doppelte Konsonanten:

Sonne.
Das „o“ wird kurz ausgesprochen. Zudem endet die erste Silbe nach dem ersten „n“ beziehungsweise bildet das „n“ ein Silbengelenk. Es verbindet somit beide Silben.

Affe.
Auch hier wird das „a“ kurz ausgesprochen und die erste Silbe endet nach dem ersten „f“.

Anstellung.
Die oben genannten Erklärungen treffen auch auf dieses Wort zu. Es handelt sich um ein kurzes „e“ und das „l“ bildet ein Silbengelenk.

Tasse.
Das „a“ ist kurz und die Silbe wird nach dem ersten „s“ getrennt.

Gabel.
Das „a“ wird in diesem Beispiel lang ausgesprochen.

[xi] Lösung zu Diphtong-Laute:

W**ei**ßt du, wohin ich dieses Jahr in den Url**au**b fahre?
Nach Frankfurt am M**ai**n. Mit m**ei**ner ganzen Familie. Zunächst wollen wir die Stadt erkunden und uns dann am M**ai**n entspannen. M**ei**st sind da ganz viele Menschen auf einem H**au**fen. Das passiert dort h**äu**fig.

xii **Lösung zu Wieder oder wider:**

*Er kam **wieder** zu spät.*

Erklärung:

Hier wird eine Handlung beschrieben, die erneut vorkommt. „Wider" für „im Gegensatz zu" oder für „Widerspruch" wäre falsch.

*Er war **wider** Erwarten pünktlich.*

Erklärung:

Erwartet wurde, dass er zu spät kommt. Diese Erwartung wurde nicht erfüllt. Es ist also ein „Im Gegensatz aller Erwartungen war die Person pünktlich".

*Die Idee fand **wider** Erwarten Zuspruch.*

Erklärung:

Hier gilt die gleiche Erklärung wie in dem vorherigen Beispiel. Entgegen allen Erwartungen wurde die vorgestellte Idee gut angenommen.

*Wann kommst du von der Schule **wieder**?*

Erklärung:

Gemeint ist, wann die Person heimkehrt. Diese Handlung wurde natürlich schon öfter ausgeführt und somit wird sie wiederholt.

xiii **Lösung zu wider und wieder als Vorsilben:**

Heute Morgen bin ich ____wieder______ erst um sechs Uhr aufgewacht. Auf dem Weg zur Schule gab es einen Unfall. Hier musste eine Person mithilfe der Herzdruckmassage ___wiederbelebt_______ werden. ________Wider_____ meinen Willen musste ich recht nah an der Unfallstelle entlanglaufen.

Als ich endlich in der Schule ankam, musste ich ______wieder________ meine Hausaufgaben vorstellen. _____Wider_______ Erwarten waren sie sogar richtig.

[xiv] **Mögliche Lösung für eine E-Mail für eine Bewerbung:**

Sehr geehrter Herr/Sehr geehrte Frau ...

Hiermit möchte ich mich auf Ihre ausgeschriebene Stelle als Fachkraft für Lagerlogistik in dem Unternehmen XY bewerben. Im Anhang finden Sie meine Bewerbungsunterlagen.

Sollte ich mit meiner Bewerbung Ihr Interesse geweckt haben, so würde ich mich über eine Einladung zu einem Vorstellungsgespräch sehr freuen. Für Rückfragen stehe ich jederzeit per E-Mail oder unter der Telefonnummer XXXXXXXXX zur Verfügung.

Mit freundlichen Grüßen

XXXXX

[xv] **Lösung zu Verb + Verb:**

Schwimmen gehen

Lesen lernen/üben (beides wäre möglich)

Ich habe leider den Teller auf den Boden fallen lassen.

Ich habe meinen Rucksack in der Schule liegen lassen.

[xvi] **Lösung zu Nomen + Verb:**

Ski fahren

Auto fahren

[xvii] **Lösung zu Nomen + Partizip Übung 1:**

Rad fahrend

Auto fahrend

[xviii] **Lösung zu Nomen + Partizip Übung 2:**

Das Busfahren

Das Feuerspucken

Das Schlittenfahren

[xix] **Lösung zu Verbindungen mit dem Hilfsverb sein:**

Meine Umgebung muss ruhig *sein*.

Ich möchte beim Lernen allein *sein*.

Du *bist* heute an mir vorbeigelaufen.

Er *ist* heute aber ganz schön ruhig.

[xx] **Lösung zu Wörtliche Rede:**

Und er dachte: „Ich schaffe es noch rechtzeitig zum Bus."

Ich sagte: „Ich kann die Aufgabe gerne übernehmen."

Sie denkt: „ein großes Geschenk zum Geburtstag ist angemessen."

[xxi] **Lösung Wörtliche Rede Übung 2:**

Er sagte, dass er zu spät sei.

Sie sagte, dass sie das schon wisse.

Er sagte, dass er gleich komme.

[xxii] **Lösung zu Satzgefüge:**

Ich fahre heute in den Urlaub:

Erklärung:

Es handelt sich um kein Satzgefüge, da der Satz über kein Komma und somit auch über keinen zweiten Satzteil verfügt.

Ich fahre heute in den Urlaub, um meine Familie zu treffen.

Erklärung:

Durch das Komma wurde der Satz in zwei Teile geteilt. Eingeleitet wird der zweite Teil des Satzes durch das „um". Es handelt sich also um ein Satzgefüge.

Ich bin mit dem Flugzeug in den Urlaub geflogen.

Erklärung:

Es handelt sich um kein Satzgefüge, da der Satz nicht durch ein Komma abgetrennt wird.

Ich bin mit dem Auto zu meiner Familie gefahren und habe die Fahrt über geschlafen.

Erklärung:

Es handelt sich um ein Satzgefüge, welches durch die Konjunktion „und" abgetrennt wird.

[xxiii] **Lösung zu Hauptsätze:**

Ich kam heute zu spät nach Hause, weil ich noch mit meinen Freunden spielen musste.

Hauptsatz: Ich bin heute zu spät nach Hause gekommen

Nebensatz: weil ich noch mit meinen Freunden spielen musste

Erklärung:

Der Nebensatz wird durch die Konjunktion „weil“ eingeleitet. Zudem steht das Verb „musste“ als Letztes.

In dem Hauptsatz steht das finite Verb an zweiter Stelle.

Ich stand heute früh auf.

Erklärung:

Es handelt sich um einen Hauptsatz. Zudem existiert auch kein anderer Satz, welcher mit einer Konjunktion oder einem Komma eingeleitet wird.

Der Mond, welcher heute hell schien, erscheint gelb.

Hauptsatz: Der Mond erscheint gelb

Nebensatz: welcher heute hell schien

Erklärung:

Der Nebensatz ist eingeschoben. Wird er weggelassen, so kann der Hauptsatz dennoch allein stehen und ergibt auch Sinn. Würde der Nebensatz allein stehen, so würde er keinen Sinn ergeben. Zudem steht das finite Verb in dem Hauptsatz an zweiter Stelle, in dem Nebensatz an letzter Stelle.

[xxiv] **Lösung zu Nebensätze:**

Ich bin heute müde, weil ich gestern zu lange wach war.

Hauptsatz: Ich bin heute müde

Nebensatz: weil ich gestern zu lange wach war

Erklärung:
Du kannst den Nebensatz durch die einleitende Konjunktion „weil" erkennen. Zudem steht das Verb an letzter Stelle.

Weil ich zu lange geschlafen habe, musste ich heute Morgen zum Bus rennen.

Hauptsatz: musste ich heute Morgen zum Bus rennen

Nebensatz: Weil ich zu lange geschlafen habe

Erklärung:
Auch hier siehst du die einleitende Konjunktion „weil". Dieser Nebensatz steht zwar vor dem Hauptsatz, kann aber dennoch nicht völlig allein stehen. Das Verb steht an letzter Stelle. Es wäre auch möglich, das Satzgefüge umzustellen. So würde es dann beispielsweise heißen: „Ich musste heute Morgen zum Bus rennen, weil ich zu lange geschlafen habe." Der Nebensatz steht nun hinter dem Hauptsatz. An der Bedeutung ändert sich nichts. Du kannst erkennen, dass der Hauptsatz auch allein stehen könnte und trotzdem einen Sinn ergeben würde, der Nebensatz aber nicht.

Ich habe mein Frühstück heute mitgenommen, um meinen Bus noch zu erwischen.

Hauptsatz: Ich habe mein Frühstück heute mitgenommen

Nebensatz: um meinen Bus noch zu erwischen

Erklärung:
Eingeleitet wird der Nebensatz mit der Konjunktion „um". Zudem steht das Verb „erwischen" an letzter Stelle. Im Hauptsatz steht das Verb an zweiter Stelle. Der Hauptsatz allein würde bereits einen Sinn ergeben und könnte allein stehen. Der Nebensatz hingegen nicht.

[xxv] **Lösung zu eingeschobene Nebensätze:**

Hauptsatz: Ich bin mit meiner Familie in einem Auto in den Urlaub gefahren

Nebensatz: welches grün ist

Satz: Ich bin mit meiner Familie in einem Auto, welches grün ist, in den Urlaub gefahren.

Hauptsatz: Am Abend bin ich in einem Park spazieren gegangen

Nebensatz: der gut beleuchtet ist

Satz: Am Abend bin ich in einem Park, der gut beleuchtet ist, spazieren gegangen.

Hauptsatz: Im Schwimmbad ist meine Schwester von einem Sprungturm gesprungen

Nebensatz: der 3 Meter hoch ist

Satz: Im Schwimmbad ist meine Schwester von einem Sprungturm, der 3 Meter hoch ist, gesprungen.

[xxvi] **Lösung zu Konditionalsätze:**

Satz: Ich bin genervt, wenn ich zu wenig geschlafen habe.

Oder: Wenn ich zu wenig geschlafen habe, bin ich genervt.

Satz: Ich bin glücklich, wenn ich mein Lieblingseis im Supermarkt finde.

Oder: Falls ich mein Lieblingseis im Supermarkt finde, bin ich glücklich.

Oder: Wenn ich mein Lieblingseis im Supermarkt finde, bin ich glücklich.

Satz: Ich bin froh, wenn ich einen Hund geschenkt bekomme.

Oder: Wenn ich einen Hund geschenkt bekomme, bin ich glücklich.

Oder: Falls ich einen Hund geschenkt bekomme, bin ich glücklich.

[xxvii] **Lösung zu Punktsetzung:**

Immer, wenn es warm ist, möchte ich ein Eis essen. Am liebsten esse ich Schokoladeneis. Im Winter mag ich am liebsten Tee, Früchtetee genauer gesagt. Es gibt für mich nichts Schöneres im Winter, als sich bei einer warmen Tasse Tee aufzuwärmen.

xxviii Lösung zu Kommasetzung Übung 1:

Lina, meine große Schwester, ist Klassenbeste.

Erklärung: „meine große Schwester" beschreibt das Nomen (Lina) näher und ist somit eine Apposition, die mithilfe von zwei Kommata vom restlichen Satz abgetrennt wird.

Ich kaufe mir heute ein Eis, mit Himbeeren.

Erklärung:

Die Apposition „mit Himbeeren" beschreibt das Nomen „Eis" näher und wird somit von dem restlichen Satz mit einem Komma abgetrennt.

Ich habe heute mit Frau Schulz, meiner Klassenlehrerin, über meine mündliche Mitarbeit gesprochen.

Erklärung:

Die Apposition „meiner Klassenlehrerin" beschreibt das Nomen „Frau Schulz" näher und wird somit von dem restlichen Hauptsatz mithilfe von Kommata abgetrennt.

Bello, mein Hund, hat den Stock gefangen.

Erklärung:

Hier ist es wie im ersten Beispiel. Das Nomen „mein Hund" stellt die Apposition zu dem Nomen „Bello" dar und beschreibt diesen näher als einen Hund. Aus diesem Grund wird er von dem restlichen Satz durch zwei Kommata abgetrennt.

Mein Hund, Bello, hat ein neues Spielzeug, den Knochen.

Erklärung:

„Bello" ist eine Apposition und beschreibt das Nomen „mein Hund" näher. Genauso ist „Knochen" eine Apposition, da es das Nomen „Spielzeug" näher beschreibt. Da die Apposition „Knochen" am Satzende steht, muss nur ein Komma gesetzt werden, um es von dem Hauptsatz abzutrennen. Da die Apposition „Bello" in der Satzmitte steht, werden zwei Kommata benötigt, um die Apposition von dem Hauptsatz abzugrenzen.

xxix Lösung zu Kommasetzung Übung 2:

Ich war gestern mit meiner Mutter und Stefan, ihrem Freund, in der Stadt. Dort haben wir in einem Restaurant, welches gut besucht war, eine Pizza gegessen. Die Pizza, welche mit Salami, Käse, Pilzen und Mais belegt war, war total lecker.

xxx **Lösung zu Sonderzeichen:**

Gestern war ich mit meiner Familie im Zoo. In der Schule behandeln wir gerade die einzelnen Tierarten, weswegen der Zoobesuch perfekt gepasst hat. „Welche Tiere halten eigentlich Winterschlaf?“, habe ich mich gefragt, „Und warum tun sie das?“

Im Zoo angekommen, haben wir ganz viele Tiere sehen können, zum Beispiel Otter, Pinguine, Fische; Giraffen, Bären, Elefanten, aber auch Flamingos.

„Sei bloß ruhig!“, habe ich mich selbst ermahnt, um die einzelnen Tiere nicht zu erschrecken.